ECONOMIA DA
INFLUÊNCIA

CARO (A) LEITOR(A),
Queremos saber sua opinião sobre nossos livros.
Após a leitura, curta-nos no **facebook.com/editoragentebr**,
siga-nos no Twitter **@EditoraGente** e
no Instagram **@editoragente**
e visite-nos no site **www.editoragente.com.br**.
Cadastre-se e contribua com sugestões, críticas ou elogios.

FLÁVIO SANTOS

ECONOMIA DA
INFLUÊNCIA

Transforme a narrativa da sua marca em seu maior ativo
e adapte seu negócio para ter resultados escaláveis

Diretora
Rosely Boschini

Gerente Editorial Sênior
Rosângela de Araujo Pinheiro Barbosa

Editora
Audrya de Oliveira

Editoras Juniores
Giulia Molina
Carolina Forin

Assistente Editorial
Fernanda Arrais

Pesquisa e consultoria
Eliane Pereira

Produção Gráfica
Fábio Esteves

Preparação
Algo Novo Editorial

Design de capa
Igana

Montagem de capa
Mariana Ferreira

Projeto Gráfico e Diagramação
Gisele Baptista de Oliveira

Revisão
Wélida Muniz
Vero Verbo Serviços Editoriais

Impressão
Edições Loyola

Copyright © 2022 by Flávio Santos
Todos os direitos desta edição
são reservados à Editora Gente.
Rua Natingui, 379 – Vila Madalena,
São Paulo, SP – CEP 05443-000
Telefone: (11) 3670-2500
Site: www.editoragente.com.br
E-mail: gente@editoragente.com.br

Dados Internacionais de Catalogação na Publicação (CIP)
Angélica Ilacqua CRB-8/7057

Santos, Flávio
  Economia da influência: transforme a narrativa da sua marca em seu maior ativo e adapte seu negócio para ter resultados escaláveis / Flávio Santos. - São Paulo: Editora Gente, 2022.
  208 p.

ISBN 978-65-5544-201-4

1. Sucesso nos negócios 2. Marketing I. Título

22-1004   CDD 650.1

Índice para catálogo sistemático:
1. Sucesso nos negócios

NOTA DA PUBLISHER

Todos os dias, nos conectamos à internet, às redes sociais, a um novo aplicativo na loja virtual... O que virou cotidiano, no entanto, gerou um novo desafio: como nos conectamos? Uma conexão – de verdade – acontece de ser humano para ser humano, e fazer isso no mundo digital é outra história.

A economia da influência chegou para revolucionar o mercado e a maneira como nos comunicamos virtualmente. Em meio a um sem-fim de usuários compartilhando experiências, se destacar, gerar engajamento orgânico e, sobretudo, promover conexões verdadeiras é o caminho da inovação. Sempre antenado para o que há de mais inovador e disruptivo, Flávio Santos é a pessoa certa para ensinar o caminho para esse novo mundo.

CEO da MField e especialista em Marketing de Influência, Flávio construiu sua autoridade, tornou-se referência de sucesso no universo das mídias digitais e vai, por meio deste livro, revelar os segredos da comunicação digital e ensinar como atingir mais pessoas de maneira mais eficiente para tornar o seu negócio uma marca de prestígio.

Aqui, você vai aprender o caminho para dialogar com seu público, além de estruturar um *storytelling* único e vendedor. Tudo isso para que você compreenda as melhores estratégias de marketing e seja capaz de construir, estruturar e fidelizar seu empreendimento, gerando conexões que elevarão seu negócio, tornando-o uma comunidade de sucesso na era digital.

Tenho certeza de que você sairá desta leitura mais do que pronto para fazer parte da economia da influência. Aproveite a experiência!

Rosely Boschini – CEO e Publisher da Editora Gente

Dedico este livro aos que tornaram esse sonho possível: meus pais, as primeiras pessoas que me influenciaram a ser um homem do bem e um profissional comprometido; e minhas irmãs e meus sobrinhos, que me aplaudem e me incentivam diariamente.

AGRADECIMENTOS

Quando você tem amor, nada pode te parar.

Quem me conhece sabe que eu estou onde sempre quis!

Este projeto é um compilado de anos e anos de anotações do meu bloco de notas, somado a rascunhos de reuniões e aprendizados diários junto da minha equipe.

Escrever um livro foi muito mais difícil do que imaginei. O exercício e a disciplina me tiraram da zona de conforto diariamente, e, sem a ajuda de toda a minha rede de apoio, esta obra não seria possível.

Eu fui tão ajudado ao longo da minha carreira, que é até difícil listar nomes. E é exatamente graças a esses mentores e bons parceiros que cruzaram a minha jornada que foi possível concluir este material. Estendo meus agradecimentos à equipe de pesquisas, responsável por clarear todas as minhas ideias.

Minha gratidão à Editora Gente, que apostou no meu projeto e vibrou com a ideia desde o início, quando ele ainda era apenas anotações e rascunhos.

Este livro é da MField e também dos meus sócios, Gustavo, Gabriel e Victor, que caminham ao meu lado confiando nas minhas tomadas de decisão e apoiando os meus projetos ousados. Muito obrigado, vocês mudaram a minha vida.

Sou um homem de sorte e agradeço por isso, por tudo isso, por essas pessoas.

Incentive pessoas a mudar de vida, de cidade. Inspire-as com suas histórias, influencie amigos com bons hábitos, converse com todo mundo e conecte-se com as pessoas certas. Foi assim que consegui chegar até aqui!

Muito obrigado e boa leitura!

SUMÁRIO

13 PREFÁCIO

INTRODUÇÃO
15 INFLUÊNCIA, A MAIS ANTIGA FERRAMENTA MODERNA DO MARKETING

CAPÍTULO 1
18 VOCÊ TAMBÉM PERDE O SONO PENSANDO EM COMO SER RELEVANTE EM TODAS AS REDES SOCIAIS?

CAPÍTULO 2
32 TODO MUNDO É MÍDIA, INCLUSIVE VOCÊ

CAPÍTULO 3
O VALOR DA ATENÇÃO E
O PODER DO CONTEÚDO — **48**

CAPÍTULO 4
O QUE É INFLUÊNCIA
DE VERDADE — **70**

CAPÍTULO 5
INFLUENCERS, *STORYTELLERS*
E GAROTOS-PROPAGANDA — **80**

CAPÍTULO 6
COMUNIDADES: É IMPOSSÍVEL
SER FELIZ SOZINHO — **98**

CAPÍTULO 7
NO FUNDO DE UMA ESTRATÉGIA DE
SUCESSO SEMPRE HÁ UMA BOA HISTÓRIA — **116**

CAPÍTULO 8
O QUE VOCÊ TEM
PARA CONTAR — **136**

CAPÍTULO 9
INFLUENCIADORES
COMO COCRIADORES — **160**

CAPÍTULO 10
MÉTRICAS DE
PONTA A PONTA — **170**

CAPÍTULO 11
15 BILHÕES DE RAZÕES PARA INVESTIR
EM MARKETING DE INFLUÊNCIA — **190**

NOTAS DE FIM — **200**

PREFÁCIO

Algumas palavras se tornam tão exaustivamente repetidas que a dimensão mais importante delas – seu significado – acaba muitas vezes distorcida. Vale para "disrupção", para "tração" e, nos dias de hoje, vale sobretudo para "influência".

Se a capacidade de convencer, arregimentar, mobilizar, espelhar, multiplicar pudesse ser medida apenas em número de seguidores do Instagram, como muitas vezes acontece, a primeira-ministra da Nova Zelândia Jacinda Ardern, com 1,7 milhão, seria irrelevante perto de muitas subcelebridades, e não uma das mulheres mais poderosas do planeta. Madonna (17,8 milhões), que por si só é um movimento cultural, figuraria como uma estrela de segundo escalão, e o mítico Pelé (8,7 milhões), que de craque passou a paradigma, não seria páreo para dezenas de jogadores que estão distantes de sua genialidade, mas têm métricas melhores para mostrar.

Quem quer ser influente de verdade precisa ter o que dizer. Mas isso também de nada adiantará se não souber como dizer. E esse é o grande valor desta obra de Flávio Santos. Ela entrega uma caixa de ferramentas para quem quer chegar mais longe, ser percebido, se conectar a muita gente, mas de um jeito produtivo, relevante para quem diz e para quem escuta, com menos vaidade e mais estratégia.

Hoje, há grandes empreendedores e executivos compartilhando conhecimento nas redes por entenderem que seus clientes querem se relacionar com um CPF, e não apenas com um CNPJ, como já me disse Guilherme Benchimol em uma entrevista para a *GQ Brasil*. A relação com as marcas mudou e hoje a mensagem precisa ter mais a ver com quem escuta do que simplesmente com quem fala.

E é notável como o livro consegue aguçar esses sentidos, conciliando leveza e profundidade. Nesse primeiro quesito, nos fisga com uma leitura ligeira e agradável, em uma linguagem que remete a um bate-papo em um cafezinho. Você vai passando de página a página e quando vê está em queda livre no texto, ávido pelos próximos aprendizados. No segundo eixo, o do conhecimento, compartilha lições não apenas teóricas, mas bastante práticas, de como colocar de pé um projeto real de influência. O autor tira isso do seu trabalho diário conectando marcas, meios e pessoas, com grandes resultados e, como consequência, com grande influência no mercado.

Eu tive a experiência de conhecer o trabalho do Flávio bem antes de ser apresentado ao próprio. Eu lembro que estava navegando à toa pelos *stories* no Instagram quando me deparei com uma cena do ator Paulo Gustavo usando um avental vermelho, falando sobre vinhos e queijos de uma maneira tão engraçada que fiquei hipnotizado. Quando o vídeo acabou, me dei conta de que passei muitos minutos dentro de uma peça publicitária de eletrodomésticos (sem me sentir em uma peça publicitária de eletrodomésticos), me divertindo muito e em nenhum momento tendo o desejo de pular para o próximo conteúdo. Por esse jeito diferente de expandir marcas, a MField tem sido por si só uma forte influenciadora do mercado brasileiro.

Há muitas métricas para isso, mas elas não contam a história toda. A verdadeira influência é uma linha pontilhada que desaparece no horizonte, para além do nosso alcance, mas não da nossa compreensão. Quem quiser entender de vez como se constrói influência verdadeiramente significativa terá um caminho firme e instigante nas próximas páginas.

Daniel Bergamasco
Diretor de Conteúdo da revista *GQ Brasil* e autor do livro
*Da ideia ao bilhão – Estratégias, conflitos e aprendizados
das primeiras start-ups unicórnio do Brasil*

INTRODUÇÃO
INFLUÊNCIA, A MAIS ANTIGA FERRAMENTA MODERNA DO MARKETING

A bem da verdade, marketing de influência existe desde sempre. Quem nunca foi ao cinema confiando na opinião dos amigos de que o filme era muito bom? Ou se sentiu mais confiante em usar aquela roupa meio exagerada, mas que está na moda e todo mundo está usando? Influenciar e ser influenciado são coisas tão naturais, que muitas vezes a gente nem percebe, mas acontecem o tempo todo. E ninguém escapa delas.

Aí você pode me perguntar: "Se isso está aí desde sempre, faz parte do dia a dia e está ao alcance de qualquer pessoa, qual é a novidade, Flávio?". Acontece que, com a popularização das redes sociais, o trabalho dos influenciadores digitais hoje é parte fundamental do mix de marketing.

Veja só: 90% dos mais de 5 mil profissionais, agências e marcas que participaram da pesquisa *The State of Influencer Marketing 2021: Benchmark Report*[1] acreditam que o emprego de influenciadores é uma forma bastante efetiva de marketing. E nada menos que 67% medem o Retorno sobre o Investimento (ROI) dessas ações (geralmente em termos de conversão e vendas).

Em um passado não muito distante, o influenciador era o artista e o Instagram, a televisão. Com a internet, a influência mudou de mãos, pois as pessoas gastam cada vez mais tempo nas redes sociais. Exatamente por isso, os *influencers* conquistaram tanto poder e atenção. Eles fazem na internet o que atores, atrizes e celebridades em geral vêm fazendo há anos nas propagandas de TV.

Ou seja, *influencer* não é uma profissão nova, é uma atividade antiga sendo aplicada em um novo meio. No entanto, com uma grande mudança que, para mim, faz toda a diferença: nas redes sociais da vida (Instagram, TikTok, Facebook etc.), você não precisa ser uma celebridade do cinema, da música ou da televisão para se tornar um influenciador.

Com as ferramentas que estão ao alcance de qualquer um que tenha acesso à internet (e quase dois terços da população do mundo contam com algum tipo de conexão), o próprio público vira produtor e consumidor de conteúdo. Entramos na era do *prosumer*.[2] Aliás, você já reparou que YouTube, em tradução livre, quer dizer "VocêTV"? Pense nisso.

Durante a pandemia, com muita gente passando mais tempo em casa e muito mais imersa no ambiente digital, o uso de redes sociais explodiu – e vou detalhar a importância disso nos próximos capítulos. Passeando pelos caminhos virtuais, as pessoas conheceram novos personagens e novas plataformas. O TikTok que o diga. Em dois anos ele se tornou uma das plataformas queridinhas dos marqueteiros, dos influenciadores e de milhões de usuários.

Mas, para que a mágica aconteça, quer dizer, para que o influenciador ganhe destaque, existe no *background* toda uma máquina que inclui profissionais especializados, estrutura de produção e, principalmente, planejamento estratégico. Minha proposta é mostrar como funcionam essas engrenagens, a inteligência por trás do conteúdo, a importância das comunidades e do *storytelling*, entre outras (muitas) facetas do marketing de influência.

Quero dividir com você, leitor, um pouco do que aprendi ao longo dos últimos quinze anos como gestor de comunicação digital de grandes empresas. Hoje tenho minha própria agência, a MField, especializada em estratégias de conteúdo e ativação de influenciadores nas redes sociais. Com a minha equipe, criamos e implementamos dezenas de estratégias de ativação de influenciadores para empresas e marcas. Algumas delas eu compartilho ao longo deste livro.

Para muitas empresas e marcas, trabalhar com influenciadores já se tornou uma coisa familiar. Mas esse é um campo em que tudo muda, e rápido, conforme os influenciadores se multiplicam e vão ocupando todo tipo de nicho de interesse. Sem contar *microinfluencers*, *nanoinfluencers*, *kidfluencers*, *gaming influencers* e *virtual influencers* (gerados por computador), para citar algumas categorias.

Como alguém que trabalha no ramo, posso garantir que o marketing de influência é um mercado promissor que deve movimentar 15 bilhões de dólares em 2022. Se você quer fazer parte desse universo em expansão, no qual convivem famosos e anônimos, grandes marcas e microempresas, métricas sofisticadas e intuição pura e simples, esta é uma leitura fundamental. Mergulhe com vontade e descubra comigo que proximidade, conexão e engajamento são a trinca de ouro para construir uma relação próspera entre marcas, clientes e público.

CAPÍTULO 1

VOCÊ TAMBÉM PERDE O SONO PENSANDO EM COMO SER RELEVANTE EM TODAS AS REDES SOCIAIS?

ESTAR O TEMPO TODO CONECTADO JÁ É QUASE UMA CARACTERÍSTICA HUMANA — 20

MAS POR QUE ESTAMOS FALANDO DESSES DADOS? — 21

Falar sobre presença digital é algo que domina as conversas de todos. Desde os negócios que são desafiados diariamente a desenvolver estratégias mais assertivas nesse "lugar" em que todos os consumidores se encontram (só imaginar que seis em cada dez habitantes do planeta – o que dá mais de 4,7 bilhões de pessoas[3] – contam com algum tipo de acesso à internet) até gente que, como você e eu, precisa estar conectada todos os dias e pensa: *vou publicar alguma coisa hoje?*

Desde 2018, existem mais dispositivos móveis que seres humanos no planeta. Atualmente, dois terços da população mundial têm um telefone celular, e a tendência é de que os números cresçam ainda mais: calcula-se que, em 2024, o número de conexões móveis em operação chegue a 17,8 bilhões.[4]

ESTAR O TEMPO TODO CONECTADO JÁ É QUASE UMA CARACTERÍSTICA HUMANA

A frase acima talvez pareça exagero; porém se analisarmos que, na média global, ficamos quase sete horas por dia navegando na internet (contando todos os tipos de aparelho), podemos dizer que estar conectado é tão importante e ocupa nosso dia a dia tanto quanto dormir. Da mesma maneira que há pessoas que dormem mais do que outras, tem gente que passa mais tempo na internet. Assim, os filipinos são os campeões, com cerca de onze horas diárias navegando. Os brasileiros estão logo atrás, com pouco mais de dez horas diárias, seguidos pelos colombianos, sul-africanos e argentinos.[5]

Olhando os números assim, dá até para duvidar. Afinal, como alguém passa de dez a onze horas pendurado na internet? Não parece tão impossível, no entanto, quando consideramos tudo o que fazemos on-line ao longo do dia, desde pagar uma conta até mandar mensagens em aplicativos de comunicação, passando por ouvir música, ver filmes e séries via *streaming*, fazer compras e, é claro, zanzar pelas redes sociais.

Pare por um momento e faça a conta. Quanto tempo você gasta fazendo alguma coisa na internet, seja no computador, no celular, no *tablet* ou, seja na *smart* TV? Inclua tudo, desde checar seu saldo no banco a pesquisar o preço de um produto para sua casa, passando pelo clique naquele anúncio que chamou sua atenção. Aposto que você vai descobrir que não está muito longe da média.

Agora, se olharmos apenas para a internet móvel, vamos descobrir que, durante a pandemia de covid-19, o tempo de navegação cresceu em 20% no mundo todo. Só aqui no Brasil, os donos de *smartphone* aumentaram em uma hora por dia o tempo gasto em seus aparelhos, chegando a 4,8 horas diárias em 2020. Os indonésios foram os únicos que conseguiram nos superar, com 5,2 horas por dia navegando em dispositivos móveis.[6]

E no centro de todo o tempo dedicado à navegação on-line, estão as redes sociais. São 4,2 bilhões de pessoas inseridas nas redes, nas quais, só em 2020, entrou uma multidão de 490 milhões de novos usuários.[7] Fazendo as contas, dá 1,3 milhão por dia, ou quinze usuários por segundo. O Brasil, como esperado, está entre os top 3 países que mais as utilizam: 3 horas 42 minutos por dia, praticamente empatado com a Colômbia (3h45min) e atrás dos superconectados filipinos (4h14min).[8] É como maratonar de três a quatro episódios de sua série favorita a cada dia, todos os dias. Já imaginou?

MAS POR QUE ESTAMOS FALANDO DESSES DADOS?

Diante de todos esses números chocantes, é possível entender por que nos sentimos tão cobrados a ampliar o alcance de nossas mídias. Eu mesmo, apesar de trabalhar com publicidade e marketing de influência para diversas marcas há mais de quinze anos, demorei para colocar em prática meu papel como formador de opinião. Foi preciso um tempo para assimilar que eu *também* tinha conteúdos relevantes, especialmente como empreendedor e autoridade na área – conteúdos pelos quais outras pessoas se interessavam. E tenho certeza de que você e o seu negócio também possuem conteúdos e demanda para se posicionarem como **influenciadores do seu mercado**.

Por essa razão, aquela pergunta "vou publicar alguma coisa hoje?" é, sim, bastante importante. Porém, antes de entrarmos efetivamente no assunto de como analisar o que publicar ou não, preciso apresentar os aspectos fundamentais que regem esse novo mundo. São eles:

1. Somos *prosumers*;
2. Somos superssocializados;
3. As marcas foram humanizadas.

SOMOS *PROSUMERS*

Se existem mais celulares do que pessoas, é lógico concluir que o volume de conteúdo produzido no mundo, em todas as esferas, é astronômico. O YouTube, sozinho, recebe quinhentas horas de novos vídeos a cada minuto que passa. Por dia, as pessoas assistem a mais de 1 bilhão de horas de vídeo na plataforma que é responsável por mais de um terço de todo o tráfego *mobile* na internet.[9]

Isso quer dizer uma única coisa: não existe internet, muito menos rede social, sem conteúdo. E todos nós produzimos e consumimos conteúdo, em diversos níveis e sob os mais variados pontos de vista. Você produz e consome conteúdo na conversa com seu vizinho, na reunião da empresa, quando está postando uma foto no Instagram, comentando um tuíte ou assistindo a uma pequena fração daquele bilhão de horas de vídeo no YouTube.

Somos, portanto, *prosumers* (do inglês, *producer* + *consumer*, ou produtor + consumidor). O termo foi criado pelo escritor e futurista Alvin Toffler para definir o novo papel do consumidor no fim do século XX.[10] Apareceu pela primeira vez nos anos 1980, mas tinha um significado bem diferente do que tem hoje em dia. Na época, o conceito se referia a pessoas que faziam muitos dos produtos e serviços de que precisavam, como comida, roupas, pequenos consertos e reformas.

Na era digital, *prosumer* é quem consome conteúdo e também o produz. Nem que seja um pouquinho e só de vez em quando. Nesse sentido, podemos dizer que o principal ecossistema de consumo/produção de conteúdo são as redes sociais.

A partir desse ponto, entramos no *looping* que nos prende à angústia pela qual começamos este capítulo:

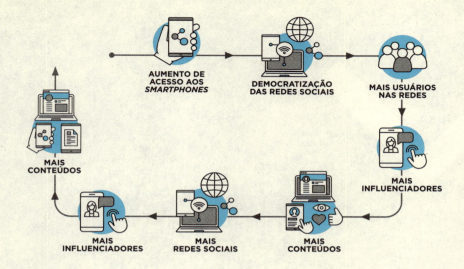

Influenciar nada mais é do que persuadir ou ajudar o outro a tomar alguma decisão, seja para definir seu posicionamento em relação a algum tema, seja até mesmo para optar por adquirir ou não um produto ou um serviço. Quanto mais força, argumentos e informação de qualidade um influenciador traz no conteúdo que produz, maior será seu poder de convencimento e sua influência pessoal.

E vale lembrar que a influência não nasceu com as redes sociais, ela existe desde sempre. Em todo comportamento humano há influências atuando – no ambiente familiar, no escolar, no grupo de amigos, nos meios de comunicação etc. Pare para pensar em alguma grande decisão que tenha tomado recentemente. Teve a influência de alguém? Reflita um pouco, aposto que a resposta vai ser sim (e talvez você nem tenha percebido isso até agora).

SOMOS SUPERSSOCIALIZADOS

Ao mesmo tempo que produzimos e consumimos conteúdo on-line a todo instante, também estamos em vários canais simultaneamente. Vamos fazer um teste?

Olhe agora para o seu celular (e eu sei que você está morrendo de vontade de checar as notificações pendentes) e veja quantas contas em redes sociais você tem. Cinco, dez? Detalhe: talvez você tenha mais do que um perfil em cada uma delas, um para si mesmo e outro para as contas que administra.

✓

INFLUENCIAR NADA MAIS É DO QUE PERSUADIR OU AJUDAR O OUTRO A TOMAR ALGUMA DECISÃO, SEJA PARA DEFINIR SEU POSICIONAMENTO EM RELAÇÃO A ALGUM TEMA, SEJA ATÉ MESMO PARA OPTAR POR ADQUIRIR OU NÃO UM PRODUTO OU UM SERVIÇO.

@flavinhosantos

Estima-se que um usuário típico esteja registrado em mais de oito redes sociais,[11] embora a frequência e o nível de engajamento variem bastante de uma para outra. E aqui não estamos contando aquelas das quais você nem se lembra mais, como Second Life, MySpace ou o finado Google+.

Dentre as redes mais populares, seis delas contam com mais de um bilhão de usuários ativos. Pela ordem: Facebook, YouTube, WhatsApp, Facebook Messenger, Instagram e WeChat. Você pode me perguntar: "Mas por que o WhatsApp está nessa lista, Flávio?", já que muitos não o consideram uma rede social. O aplicativo surgiu em 2009 como uma alternativa sem custos, comparado ao SMS, e então caiu no gosto dos usuários, ganhou tração e se sofisticou, mas somente anos mais tarde o WhatsApp ganhou o *status* de rede social – principalmente pela função de criar grupos.

O resultado dessa tração do aplicativo é claro nos números: o WhatsApp é a segunda rede mais usada no Brasil, perdendo apenas para o YouTube.[12] E, como o brasileiro adora uma rede social e estar conectado, por aqui cada usuário tem conta em dez plataformas, em média – o que não quer dizer que seja ativo em todas elas. Isso nos coloca na lista dos dez países mais plugados em redes sociais. Você faz parte dessa média? O seu negócio usa tantos canais assim?

É claro que há um enorme grau de sobreposição entre elas. Por exemplo, 85% dos usuários do TikTok (com idade entre 16 e 64 anos) dizem usar também o Facebook. No caso do Instagram, 95% estão presentes também no YouTube.[13]

E qual é o principal meio de acesso a todas as redes sociais? Sim, nossos aparelhos celulares. Fazendo uma conta rápida, cada pessoa checa seu celular 63 vezes por dia, em média – ou a cada quinze minutos, descontando oito horas de sono por noite. E quase metade desse tempo que passamos no celular (44%, para ser mais exato) é usando aplicativos de comunicação ou de redes sociais.[14]

A esta altura, vale a pena pensar na quantidade de vezes que você é impactado, todos os dias, pelas marcas que estão na tela inicial do seu celular – é muito mais do que o impacto de publicidade em outros meios de comunicação. Compare os aplicativos que estão na sua primeira tela com os dos seus amigos ou colegas. Quais são os que mais aparecem? Quais deles estão em todos os celulares?

Esse exercício simples diz muito sobre a presença das marcas no nosso dia a dia. No entanto, não frequentamos as redes sociais para consumir – embora muitas vezes isso seja irresistível. Entramos no Facebook, no Twitter, no Pinterest (e em tantas outras), basicamente, para nos mantermos atualizados, entretidos, passar o tempo, saber o que nossos amigos estão fazendo e postar fotos. Isso não é palpite, foi mapeado pelo Global Web Index:[15]

PRINCIPAIS MOTIVOS DE USO DAS REDES SOCIAIS

- **6,5%** – Manter-se atualizado em relação a notícias e acontecimentos;
- **35%** – Se entreter e descobrir conteúdos divertidos;
- **34,4%** – Passar o tempo;
- **33%** – Ficar em contato com amigos e familiares;
- **27,9%** – Compartilhar fotos e vídeos.

Agora, sendo bem sincero, é muito improvável que as pessoas usem suas oito ou dez contas com o mesmo propósito. O que nos leva à questão principal: é realmente necessário estar em todas as plataformas?

A resposta mais honesta é: depende.

Muita gente se sente na obrigação de se juntar à enxurrada de produção de conteúdo on-line, marcar presença nas principais redes e estar sempre disponível quando alguém interage com suas postagens. No entanto, isso não é realista.

A função das redes sociais é criar relações entre pessoas, e isso exige diálogo, troca de ideias. Não significa que você deve ter uma opinião formada sobre tudo, discordar ou concordar com seja lá o que for. É possível participar apenas para consumir, e não há nada de mau nisso.

Lembre-se de que as redes sociais, hoje, são uma extensão do que fazemos na vida, em termos pessoais ou profissionais. Ainda mais nestes tempos em que a linha que separa casa e trabalho está cada vez mais imprecisa. Assim, da mesma forma que o usuário comum não precisa estar em todas as redes, marcas ou empresas não são obrigadas a ter presença marcante em todos os canais.

O importante é que, como estrategistas que cuidam da interação entre o negócio e os consumidores, nosso trabalho coloque a marca nas plataformas nas quais o público-alvo está. Se o objetivo é atingir os jovens, aparecer em serviços de *streaming* de música (que não deixam de ser um tipo de rede social) faz todo sentido. Se a ideia é falar com adultos sobre temas sérios, o LinkedIn é um bom caminho.

É evidente que isso não faz parte dos termos de uso das plataformas. Por exemplo, o TikTok foi criado como um aplicativo de entretenimento, mas não é difícil encontrar conteúdos sobre negócios ou saúde. Experimente entrar no aplicativo e fazer uma busca pelo termo *dropshipping* (um formato de comércio eletrônico), você encontrará vídeos de gente ensinando o que é e como fazer. O próprio LinkedIN, rede em que as pessoas costumam falar de assuntos "sérios", chegou a testar os *stories* para vídeos curtos e descontinuou a solução. Assim como o Twitter que encerrou oficialmente o *Fleets*, sua interface de *stories* por não ter cumprido sua principal missão, que era furar a bolha dos usuários tradicionais e fazer as pessoas que apenas olham as publicações "entrarem na conversa".

Entramos, então, no problema da sobreposição. Ponto extremamente importante para quem trabalha com marketing e precisa decidir para onde vão os investimentos. Se observarmos que seis redes sociais contam com mais de 1 bilhão de usuários ativos por mês, basta fazer uma conta simples para chegar à conclusão de que a presença em uma ou duas das principais plataformas é suficiente para alcançar a maioria dos usuários.

Isso não quer dizer que o marketing deve se ater apenas às redes gigantes. A beleza da mídia social é que ela permite uma abordagem focada. É necessário ter presença digital, mas nas redes em que a audiência desejada está e nas quais a marca tenha relevância para abrir diálogos. Basicamente, trata-se de entender o público, o produto e o perfil de cada rede.

AS MARCAS FORAM HUMANIZADAS

E agora chegamos ao terceiro fator: a humanização das marcas como consequência óbvia dessa realidade de *prosumers* superssocializados.

O tópico anterior já trouxe uma das razões de as marcas se adaptarem às redes: os consumidores estão lá. No entanto, não basta criar um perfil como se fosse um simples catálogo de produtos ou serviços. A interação da marca com os usuários precisa ser coerente com o ambiente que a rede social constrói.

E assim como os algoritmos fazem com os usuários comuns, quanto mais constante, consistente e atualizada for a sua presença, espera-se que melhores sejam os seus resultados.

Nesse quesito, não existe maior exemplo que a Netflix. A interação da marca com o público no Facebook, no Instagram e no Twitter é, por si só, uma aula de marketing. Além de adotar um tom de voz original e descontraído, a empresa posta respostas engraçadas, irônicas, conectadas com os acontecimentos do dia e faz menção aos seus produtos.

A ousadia é tanta, que a Net – ou a Flix, dependendo do seu grau de intimidade – se dá ao luxo de interagir com a concorrência. Ela deu boas-vindas à Disney+ no lançamento do serviço no Brasil, não hesita em responder quando é mencionada em um post de outra marca e já chegou a recomendar produtos da concorrência.

"O mais importante agora é se cuidar e, se der, ficar em casa. E se você acha que já viu tudo o que tem disponível, tem coisas muito legais em outras plataformas pra você dar uma variada.", dizia um post da empresa no Twitter, publicado em abril de 2020 – fase de maior adesão ao isolamento social.[16] E não foi uma dica solta. A Netflix sugeriu, entre outras, as séries *Years and Years*, da HBO; *Fleabag*, da Amazon Prime Video; e *The Good Doctor*, da Globoplay. Quer coisa mais humana que empatia e solidariedade?

Empatia, aliás, é uma das bases do conceito de humanização de marca, as outras são ética e personalização. A ideia é se conectar com o cliente/consumidor/público com uma abordagem mais acolhedora, entendendo do que ele precisa e o que o motiva. É por isso que os algoritmos que governam as redes sociais, as soluções baseadas em inteligência artificial e até os bancos de dados estão cada vez mais "humanos".

Parece coisa de ficção científica, mas já está sendo feito. Como? Utilizando tecnologias capazes de identificar aspectos emocionais em meio a grandes volumes de dados e combinando inteligência artificial com análise humana.

O Nubank virou um fenômeno no supercompetitivo setor de *fintechs*, apostando nisso. Apesar de ser totalmente digital, o banco conta com um exército de agentes de carne e osso para atender os clientes. A tecnologia entra como suporte, juntando todas as informações do cliente (que chegam via *chat* on-line, telefone, redes sociais, suporte de FAQ) em um único lugar. Assim, o atendente tem como saber todo o histórico da pessoa e entender rapidamente do que ela precisa ou o que ela deseja. Tudo muito tecnológico – e muito humano.

O ponto de convergência de tudo o que falamos até aqui é: as redes sociais são uma via de mão dupla. As conversas precisam existir, ou não faz sentido a presença do influenciador ou da marca naquele espaço. Não há um manual de boas práticas infalíveis, o que existe é o bom senso e a visão de que o conteúdo está atrelado à construção de relacionamento.

Ser relevante em um mundo tão barulhento como o nosso é algo extremamente desafiador. Entre todas as mídias possíveis, formatos de conteúdo e a decisão de como realizar a entrega dele – foto, meme, vídeo, você mesmo, parceria paga com influenciadores etc. –, a todo instante estamos falando de posicionamento e geração de negócios.

Fiz questão de trazer grandes números logo no começo desta conversa porque falar de marketing e influência é saber que, por trás de todo post, existirá a análise dos dados, do retorno do investimento, das métricas de entrega, da geração de *leads* e de todos os resultados quantitativos e qualitativos que respondem aos objetivos estratégicos da sua marca. Mensurar os dados em cada ponto da jornada é uma das maiores vantagens do meio digital.

A todo instante, quem lidera a estratégia de comunicação, qualquer que seja o tamanho do projeto, deve pensar em recursos de tempo, produção e financeiros. Escolher a voz com a qual você vai se comunicar com sua audiência não é simples. E se a internet derrubou as barreiras de entrada, isso significa que você precisa ser realmente muito assertivo para se destacar. A pressão é grande, não vou mentir para você. É um trabalho cansativo e que exige consistência.

Não se engane: marcas e influenciadores estão em busca do conteúdo viral, aquele que vai ser compartilhado por todas as dez redes sociais que citamos, com legenda, dublagem, em vídeo, *print*, *link*, figurinha, meme, GIF e todos os formatos possíveis e imagináveis percorrendo milhões de telas, alcançando números astronômicos de visualização e se tornando o divisor de águas no percurso daquele perfil. Embora os virais pareçam obras do acaso, na maioria das vezes, se analisarmos bem, são resultado de muita dedicação.

É o caso de Khabane Lame, um influenciador com mais de 120 milhões de seguidores no TikTok. Graças ao seu sucesso, ele foi convidado a estrelar uma campanha para a 99, no Brasil, em 2021. Mas a fama não veio da noite para o dia. Khaby (para os amigos) nasceu no Senegal, mora na Itália com a família desde os 2 anos e criou a conta em março de 2020 para matar o tédio de ficar em casa, já que o país estava em isolamento social.

As primeiras postagens não tinham nada de mais. Eram dublagens, paródias e brincadeiras, como milhões de outras na rede social. Até que o moço teve uma sacada cômica: começou a fazer vídeos tirando sarro de tutoriais que mostravam soluções complexas para coisas simples. O mais visto até hoje (cerca de 200 milhões de *views*) é um em que aparece alguém descascando uma banana com uma faca. Logo em seguida, ele faz a mesma coisa, só que com as mãos.

É difícil deixar de rir com as caras e bocas, os gestos e a expressão de deboche de Khaby ao tornar fácil o que parece complicado. Detalhe: ele faz tudo isso sem dizer uma palavra, o que ajudou muito a viralizar os vídeos, pois quebra a barreira do idioma.

Foi exatamente por isso que a 99 o contratou, para mostrar que a empresa tem soluções simples para os problemas do dia a dia. Assim, o que começou de um jeito mais do que despretensioso foi crescendo num grau que, enquanto escrevo este capítulo, o rapaz começa a ganhar a vida como influenciador. A 99 que o diga.

Resumindo, este livro não fala qual rede social você precisa escolher e em qual deve apostar todas as suas fichas, ou quais os atalhos para burlar os algoritmos. Depois de entender que quem consome conteúdo também produz, que a comunicação em rede é intrínseca à nossa rotina e que é importante pensar na interação com a audiência como construção de relacionamento, você estará pronto para ser apresentado aos fundamentos que o ajudarão a se comunicar melhor e a planejar uma boa estratégia de engajamento. Uma estratégia daquelas que conseguem fazer com que ninguém pule nem ignore o que você e a sua marca têm a dizer.

CAPÍTULO 2

TODO MUNDO É MÍDIA, INCLUSIVE VOCÊ

COMO FOI QUE ISSO ACONTECEU?	**35**
UM OLHO NA TV, OUTRO NO CELULAR	**37**
MARCAS NA MÍDIA E VICE-VERSA	**40**
O QUE A GERAÇÃO TEM A VER COM CONSUMO DE MÍDIA?	**42**
QUAL GATILHO FAZ VOCÊ LEVANTAR AS MÃOS?	**46**

A esta altura, já deve ter ficado bem claro que ninguém precisa, nem é obrigado, a estar em todas as redes sociais, seja pessoa física seja jurídica. Com uma boa estratégia de marketing digital, é possível alcançar a maioria das pessoas que são realmente importantes para a marca ou o negócio. E com um time de influenciadores bem escolhido, as chances de a mensagem impactar o público certo são muito, muito grandes.

Por causa disso, às vezes os influenciadores acabam sendo tratados como mídia – no sentido de meio de comunicação. Ou seja, são vistos como vitrine. Mas, na verdade, as "vitrines" são o Instagram, o Facebook, o Twitter, o LinkedIn, o Pinterest... São essas redes os canais de veiculação, a mídia propriamente dita. Influenciador é produtor de conteúdo, é a mensagem.

Vamos pensar no caso de Juliette Freire, vencedora da 21ª edição do Big Brother Brasil. Antes de participar do programa, ela trabalhava como maquiadora e advogada. Era ativa, mas não muito mais do que o usuário médio do Instagram, por exemplo. Quando entrou na casa do BBB, tinha 3,5 mil seguidores e praticamente nenhum material preparado para postar nas redes sociais enquanto estivesse confinada.

No fim do programa, Juliette ficou surpresa ao descobrir que tinha 22 milhões de seguidores (no momento em que escrevo, havia chegado aos 32 milhões, mas este é um dado que com certeza já está desatualizado). É como se toda a população das cidades de São Paulo, Rio de Janeiro e Belo Horizonte estivessem seguindo a advogada/maquiadora.

Ainda não é uma Anitta, com seus 57 milhões de seguidores – equivalente a São Paulo e Xangai juntas –, e está bem longe dos 166 milhões de Neymar Jr. – mais que a população russa. Mas é o suficiente para transformá-la em um fenômeno nas redes sociais e atrair um enxame de marcas que querem se associar a sua imagem. Juliette pode não ser (ainda) uma Anitta nem um Neymar em número de seguidores, mas ultrapassou os dois e se tornou a campeã de engajamento do Instagram no Brasil.[17] Ela produz conteúdo, as pessoas consomem. Ela posta, os fãs interagem.

Ou seja, como falei no capítulo anterior, nas redes sociais, você pode ser produtor, consumidor ou as duas coisas. Aqui, porém, chegamos à um *turning point* (aquelas reviravoltas que deixam a gente de queixo caído, como no filme *O sexto sentido*). Vivemos em um mundo no qual as pessoas são produtoras e consumidoras de conteúdo (*prosumers*, lembra?), mas também são mídia.

Você deve estar estranhando, já que eu disse lá atrás que os influenciadores são a mensagem, não o meio. Mas, pense comigo: quando alguém recomenda um produto ou serviço, quando sai para correr vestido de Nike dos pés à cabeça ou quando cola o adesivo do seu candidato no vidro do carro, a pessoa está transmitindo uma mensagem, não é mesmo? Por isso, todo mundo hoje é um pouco mídia, de alguma forma.

COMO FOI QUE ISSO ACONTECEU?

Tudo começou quando a internet se tornou uma concorrente de peso frente à televisão, ao rádio e, principalmente, aos jornais e às revistas. A maré não virou de uma hora para outra, mas foi muito rápido: em uma década, milhões de reais (e dólares, euros, libras...) migraram dos meios analógicos para o digital.

Na última década, os jornais perderam nada menos que dois terços da sua fatia no bolo das verbas publicitárias. A das revistas caiu para menos da metade. Até a televisão sentiu o baque, perdendo quase dez pontos percentuais de participação. Enquanto isso, a curva da internet engatou uma subida que a fez ultrapassar a da TV em 2018, no Brasil, segundo estimativa do grupo Dentsu Aegis Network (DAN).[18]

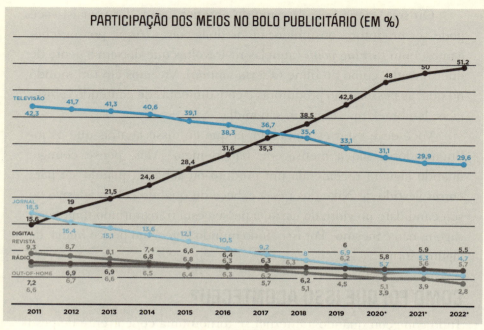

	TV	Jornal	Revista	Rádio	OOH	Digital
2011	42,3	18,5	9,3	7,2	6,6	15,6
2012	41,7	16,4	8,7	6,9	6,7	19
2013	41,3	15,1	8,1	6,9	6,6	21,5
2014	40,6	13,6	7,4	6,8	6,5	24,6
2015	39,1	12,1	6,8	6,6	6,4	28,4
2016	38,3	10,5	6,3	6,4	6,3	31,6
2017	36,7	9,2	5,7	6,3	6,2	35,3
2018	35,4	8	5,1	6,2	6,3	38,5
2019	33,1	6,9	4,5	6	6,2	42,8
2020*	31,1	5,7	3,9	5,8	5,1	48
2021*	29,9	5,3	3,9	5,9	5,6	50
2022*	29,6	4,7	2,8	5,5	5,7	51,2

* **Previsão Fonte:** Dentsu Aegis Network/Global Ad Spend Forecasts/Janeiro 2021

Essa migração de verbas se deu por um motivo muito simples: a audiência passava cada vez mais tempo on-line e menos assistindo, ouvindo ou lendo os conteúdos da chamada *mídia de massa*. Isso porque, graças à internet, a comunicação passou a ser uma via de mão dupla que dá às pessoas oportunidade de comentar, discutir, questionar e produzir o próprio material, em vez de apenas consumir passivamente o que é servido a elas.

Assim, a atenção passou a ser disputada por uma multidão de gente que antes não tinha como se fazer ouvir. O YouTube e suas quinhentas horas de vídeos postados por minuto é a maior prova disso. Como o custo de produção e transmissão pode ser mínimo, qualquer um é capaz de fazer e colocar um vídeo no ar praticamente de graça.

Lembra do "Funk do gás", "música do verão" e *hit* do Carnaval de 2017? Pois então, ele surgiu por brincadeira, quando um estudante baiano resolveu criar um *funk* em cima da musiquinha "chiclete" do caminhão da Ultragaz. Na época, Alessandro dos Santos era mais um dos milhares de DJs amadores da internet. Ele remixou o *jingle* e incluiu uma dancinha e um meme antigo – um áudio simples, de um vendedor gritando "Ó o gás".

Como nas redes sociais a zoeira nunca acaba, um vendedor de Cubatão deu o empurrão que faltava para a coisa viralizar. Em uma festa de aniversário, sua turma resolveu gravar a dancinha do gás, só de farra. Em 48 horas, o vídeo chegou a 1 milhão de visualizações e virou febre no on-line e no off-line – a ponto de a própria empresa usar a ideia em sua propaganda. Custo do sucesso: zero real.

UM OLHO NA TV, OUTRO NO CELULAR

Com tantas opções para se divertir e se informar (mídias sociais, games, *streaming* de áudio e vídeo, tutoriais, e por aí afora), o resultado não podia ser outro: a audiência se fragmentou como nunca antes na história dos meios de comunicação.

Como acabamos de ver, quem mais sofreu com isso foram jornais e revistas, mas a internet impactou também o alcance do rádio e da televisão. Não é só uma questão de menos gente ligada, mas também de menos atenção dedicada à TV. Cada vez mais, as pessoas assistem à televisão ao mesmo tempo que usam o celular ou o *tablet* para fazer outras coisas. É a tal segunda tela de que tanto se fala.

Três em cada quatro pessoas (em média) usam seus *smartphones* enquanto assistem à TV, segundo pesquisa da Adjust realizada com 7 mil pessoas em oito países. Os favoritos de quem navega enquanto assiste são, disparado, os aplicativos de redes sociais (65%).[19]

Menos televisores ligados e com menos gente prestando atenção neles é igual a menos investimento em publicidade e, portanto, queda no faturamento. Os estudiosos de comunicação chamam isso de fragmentação da mídia. No fundo, porém, isso quer dizer que ficou mais difícil achar a audiência desejada em meio a tantas possibilidades.

Nesse ponto, o digital é imbatível. Programas e ferramentas cada vez mais sofisticadas conseguem rastrear o comportamento do consumidor on-line, chegando ao nível da personalização. E é claro que os anunciantes querem ir para onde seus clientes estão.

O grau de personalização que os *softwares* de hoje conseguem atingir parece mágica. Nos Estados Unidos, a Pepsi criou uma campanha para promover o refrigerante zero açúcar, composta de um único vídeo, mas com setenta roteiros diferentes.[20] O texto variava conforme a situação ou o programa que a pessoa estivesse vendo na hora.

Todas as vinhetas terminavam com o *slogan* "*Zero sugar. Zero compromise*" (algo como "zero açúcar, zero compromisso"). *Compromise* é um verbo que não tem equivalente em português, então, para aproximar a tradução do sentido da frase, vamos usar "fazer o suficiente".

Assim, um espectador que estivesse assistindo a um *show* de humor tarde da noite ouviria "se você gosta de comédia ousada, mas também não consegue ficar acordado depois das 11 horas, você já fez o suficiente". Se o programa fosse, vamos dizer, um jogo de hóquei, a narração diria "se você acabou de passar a partida inteira explicando o jogo para outra pessoa, você já fez o suficiente". Detalhe: cada peça da campanha durava exatos seis segundos.

A marca de sopas Campbell's fez algo parecido em uma campanha na Austrália. Foram colocados textos diferentes no mesmo vídeo, de modo que cada anúncio era direcionado a um perfil de usuário específico. No fim, foram criadas 1.700 versões da propaganda.[21] Por exemplo, para quem assistia a um conteúdo no YouTube sobre a série *Orange is the new black*, da Netflix, o áudio era "sua comida faz a comida da prisão parecer boa?". Divertido e genial.

✓

HOJE, ALÉM DE O PÚBLICO SER MÍDIA, A MÍDIA VAI ATÉ O PÚBLICO.

@flavinhosantos

MARCAS NA MÍDIA E VICE-VERSA

A fragmentação da mídia é uma parte da história, mas não é ela completa. Até um passado recente, as pessoas precisavam procurar ativamente o meio de comunicação. Era preciso ligar a TV para assistir à novela (e ser impactado pela propaganda), sair à rua para ver um *outdoor* e ir até a banca comprar o jornal ou a revista (ou tomar a iniciativa de fazer uma assinatura para poupar tempo e dinheiro). Hoje, além de o público ser mídia, a mídia vai até o público.

Pense no Waze, o aplicativo de navegação do Google. Além de mostrar anúncios quando o carro está parado, ele também permite escolher a voz que vai passar as instruções do caminho. Se instalar a do ex-BBB Gil do Vigor, você vai ouvir coisas como "tudo pronto, Brasil? Vamos vigorar juntos.", "oxê, que trânsito lascado!" ou "vou ficar indignado se você não pegar a primeira saída.". Tem até voz de animais – desconfiada, como um gato, ou amigável, como um cachorro.

A mídia vai até você quando manda uma oferta tentadora no seu celular ao passar em frente a uma loja; quando impacta o cliente que vai ao banheiro do restaurante e vê uma ação da marca de cerveja, ou de absorvente, ou de álcool em gel; quando ela está no metrô, no táxi, no *smartwatch* e nos assistentes virtuais, como a Siri (da Apple) ou a Cortana (da Microsoft). Em uma ação realizada na Austrália, por exemplo, os consumidores podiam pedir uma garrafa de Coca-Cola personalizada com o próprio nome dizendo para a assistente da Amazon: "Alexa, compartilhe uma Coca-Cola". Não parece mágica?

As pessoas, inconscientemente, também acabam virando propagadoras de marcas, conforme essas marcas se tornam sinônimo da categoria. Quer dizer, quando o nome da marca vira o do próprio produto. A gente não diz que vai tirar uma fotocópia, mas uma Xerox. Nem que precisa de um curativo adesivo, mas sim de um Band-Aid.

Isso vem de longe, muito longe. Conhece amido de milho? Não? É a Maizena, vendida no Brasil desde 1874 (juro!). Já usou lâmina de barbear? Pois a Gillette está por aí desde 1903. E lã de aço? É a Bombril, desde 1948. Quem usa sandália com tiras de borracha? Só se não forem as legítimas Havaianas, lançadas em 1962. A haste flexível com algodão nas pontas foi criada em 1922, mas no Brasil é Cotonete desde que chegou aqui, em 1965.

É assim até hoje. Quase ninguém diz que vai chamar um táxi, mas sim um Uber; não se pede *delivery* de comida, se pede iFood; quem procura uma informação não vai fazer uma busca na internet, vai "dar um Google". Muitas crianças têm *tablets*, mas para elas todos são iPad.

No meio publicitário, esse tipo de consumidor/usuário/fã é considerado "embaixador" da marca. No meio social, na comunidade, trata-se de um processo orgânico, justamente por ser uma comunicação interativa e mais próxima do dia a dia do cidadão comum. Embaixador é a versão 2.0 do *brand lover* dos anos 1990, aquela pessoa apaixonada pela marca a ponto de divulgá-la e defendê-la sem ganhar nada por isso.

Entram nessa classificação os *applemaníacos* (que só usam os produtos da empresa da maçã), os *nintendistas* (*gamers* fiéis aos criadores do Super Mario) e os fãs da ecologicamente sustentável Natura – para citar alguns exemplos famosos. De minha parte, confesso que sou dependente dos produtos da Apple, por conta da conveniência do sistema integrado: as notas salvas no MacBook ficam armazenadas no iPhone, os AirPods já se conectam direto com ambos, e por aí vai.

Se alguém diz que está atrasado porque o Uber não chegou, pode até não ser um *brand lover*, mas está agindo como embaixador, ainda que inconscientemente. É a interatividade entre pessoas, comunidades, veículos e internet que permite que isso aconteça.

ALGUNS PAGAM PARA SER MÍDIA, OUTROS RECEBEM

Jogadores de League of Legends, um dos games mais populares do mundo, podem se vestir de Louis Vuitton e sair para batalhar em grande estilo. A pessoa serve, virtualmente (nos dois sentidos), como mídia para a marca. Desde que esteja disposta a desembolsar centenas de dólares por um modelito (uma jaqueta custa mais de 5 mil dólares).[22]

>>

> Na apresentação que o *popstar* Shawn Mendes fez em São Paulo, no fim de 2019, todos receberam uma pulseira de LED que era sincronizada com as músicas e mudava de cor ao longo da noite. Os que pagaram pela experiência VIP ganharam ainda uma rosa e um broche que faziam a mesma coisa. No fim, o público também fez parte do *show*.[23]
>
> O macacão de Lewis Hamilton, estrela da Fórmula 1, tem mais marcas do que a quantidade de títulos mundiais (sete, até 2020) do piloto: Mercedes AMG (automotiva), Petronas (petrolífera), Ineos (petroquímica), Epson (impressoras e *scanners*), IWC (relógios de luxo), Tommy Hilfiger (moda), AMD (processadores), CrowdStrike (segurança cibernética), TeamViewer (software), Hewlett Packard (tecnologia), Puma (equipamentos esportivos), UBS (banco). Uma tremenda vitrine.[24]

O QUE A GERAÇÃO TEM A VER COM CONSUMO DE MÍDIA?

Sou de uma geração que já começou, desde cedo, a se habituar com as facilidades da internet, embora os recursos disponíveis no início fossem poucos e caros. Dava para acessar a rede, trocar mensagens via SMS, mandar e-mails, fazer buscas – há quem não acredite, mas o Yahoo já foi a maior ferramenta de pesquisa da web, e não faz tanto tempo assim.

Por outro lado, a geração Alpha, que nasceu depois de 2010, é composta de meninos e meninas que não conhecem o universo desconectado, nem conseguem imaginar um mundo totalmente off-line. São nativos digitais na sua forma mais pura. O que quero dizer é que todo mundo pode ser mídia, sim, mas cada um do seu jeito, dependendo da história de vida e da maneira como se relaciona com os meios de comunicação.

Vou usar um exemplo pessoal: minha avó, de 87 anos, ouvia rádio quando menina, viu a chegada da televisão no Brasil (primeiro em preto e branco, depois em cores) e, após resistir um pouco à novidade, aprendeu as funções básicas do celular. Já meus pais usam *smartphones* e redes sociais com facilidade. Eu trabalho com influenciadores digitais, então estou sempre *on*. Os mais novos da família – meus sobrinhos – utilizam o aparelho de TV para várias coisas (como jogar ou ver séries e filmes via *streaming*), menos para assistir a programas de televisão. O mundo deles é on-line.

Olhando assim, fica fácil entender como idade e consumo de mídia estão relacionados. Traçando uma linha do tempo, vemos que os *baby boomers* nasceram e cresceram em um mundo totalmente analógico; a geração X fez a transição do analógico para o digital; a Y, ou *millennials*, foi a primeira a ter o digital como principal ferramenta; a Z não entende como o mundo funcionava antes da internet; e a alpha... Bem, os alphas são os que nasceram a partir de 2010, portanto, ainda crianças. Mal dá para imaginar o que serão capazes de fazer no futuro com as ferramentas e o conhecimento que terão em mãos.

Por isso mesmo, mapear as características da geração alpha é um trabalho em andamento. Por enquanto, o que os pesquisadores conseguem adiantar é que, se as tendências que observamos hoje se mantiverem, os alphas terão maior probabilidade de serem criados por apenas um dos pais, de conviverem com adultos com ensino superior completo e de irem para a faculdade.

Independentemente de tendências, em poucos anos essa turma será mais numerosa que os *baby boomers*[25] (os nascidos nos primeiros vinte anos pós-Segunda Guerra Mundial) e muitos deles viverão para ver o século XXII. Não é emocionante pensar nisso?

Levar em conta as gerações é importante quando consideramos que todo mundo é mídia. De fato, classificar o público por geração é uma das bases do trabalho do marketing, das agências de comunicação, das consultorias e, é claro, da própria mídia. O corte geracional ajuda a definir estratégias e encontrar caminhos criativos que se conectem com o coração das pessoas desejadas.

CADA GERAÇÃO A SEU TEMPO

Acabamos de falar sobre as gerações X, Y, Z,, alphas, *baby boomers*... Mas, afinal, quem é essa gente toda? Em primeiro lugar, a classificação por faixas etárias (ou gerações) é algo que não vem de hoje – para dizer a verdade, nem de ontem. Começou lá no início do século passado, mas só pegou para valer nos anos 1990, com a publicação dos primeiros estudos acadêmicos sobre o assunto.

Um dos pioneiros é o livro *Generations: The History of America's Future, 1584 to 2069*, de William Strauss e Nile Howe.[26] Na obra, eles defendem que existe um ciclo de gerações, com padrões de comportamento que mudam a cada vinte anos. Os autores classificaram as gerações nascidas pós-Segunda Guerra Mundial como *baby boomers* (1943 a 1960), geração X (1961 a 1981), geração Y ou *millennials* (que pegaram a virada do milênio, de 1982 a 2004), e geração Z (2005 em diante).

Com o avanço meteórico da tecnologia, há quem considere que esse tempo caiu para quinze anos. Alguns autores encurtam a durabilidade de uma geração para dez anos, e com boas razões. Uma década atrás, não tínhamos assistentes de voz (a Siri, da Apple, "nasceu" em 2011), fones de ouvido sem fio nem identificação por biometria. Há vinte anos, não existia *touch screen*, wi-fi e WhatsApp. Há trinta, os televisores eram de tubo; os mapas, de papel; e os celulares, do tamanho de um tijolo.

Eu poderia voltar no tempo até a adoção da luz elétrica, por volta de 1900, mas já deu para perceber que o comportamento de cada geração muda conforme o mundo evolui, e que a tecnologia tem papel fundamental nessas transformações. O que precisamos fazer é entender as características de cada geração e de que modo elas lidam com a tecnologia e com os meios de comunicação, como mostra o infográfico a seguir.

>>

QUEM É QUEM NO ABC DAS GERAÇÕES

BABY BOOMERS (1943 a 1960):
- Pacifistas;
- Otimistas;
- A favor da igualdade de direitos;
- Comunicação por telefone e correio;
- Rádio, TV, cinema.

GERAÇÃO X (1961 a 1981):
- Informais;
- Pragmáticos;
- Defensores da liberdade individual;
- Primeiros a usar computador pessoal;
- Comunicação por e-mail e telefone.

GERAÇÃO Y (1982 a 2004):
- Realistas;
- Competitivos;
- Buscam atenção;
- Valorizam a diversidade;
- Sempre dispostos a aprender;
- Internet, e-mail, mensagens de texto.

GERAÇÃO Z (2005 a 2010):
- Tecnológicos desde o nascimento;
- Altamente conectados;
- Flexíveis;
- Abertos ao diferente;
- Mídias sociais, games, *smartphones*;

GERAÇÃO ALPHA (2010 em diante):
- Não conhecem o mundo sem internet;
- Nasceram em contato com as redes sociais;
- Capazes de encontrar informações sozinhos;
- Valorizam a interação;
- Vídeos on-line, aplicativos, *wearables*.

CONSUMO DE MÍDIA NA ERA DA PANDEMIA[27]

A Global Web Index entrevistou 4 mil usuários de internet, nos Estados Unidos e no Reino Unido, para analisar se o isolamento social modificou o consumo de mídia do público de diversas idades. Foi constatado que:

- Mais da metade da geração Z está consumindo muito mais vídeos on-line do que antes da pandemia;
- Os *millennials* passaram a consumir conteúdo em mais tipos de mídia, incluindo televisão aberta, vídeo e TV on-line;
- Integrantes da geração X passaram a assistir mais à televisão do que qualquer outro grupo (e isso inclui TV on-line);
- Os *baby boomers* parecem ter sido os menos afetados; apenas aumentaram um pouco o tempo que passam assistindo à TV aberta.

QUAL GATILHO FAZ VOCÊ LEVANTAR AS MÃOS?

Falamos das quatro gerações que, em menos de um século, viveram um processo intenso de evolução do principal produto tecnológico de cada tempo: televisão e rádio para os *boomers*; computador e telefone para a geração X; *tablets* e *smartphones* para os *millennials*; e aplicativos, realidade aumentada e inteligência artificial para os *zennials*.

Cada um desses grupos foi (e ainda é) influenciado pelo conteúdo das mídias que mais usam. Por conta disso, pessoas de diferentes gerações são motivadas por diferentes formatos de mensagens, ou "gatilhos". Pode ser um acionado por reciprocidade, por aprovação social, por afeição, por autoridade ou por escassez.

- **Gatilho de reciprocidade:** quando somos motivados a retribuir de alguma forma o que outra pessoa (ou influenciador, ou marca) nos entregou. O Nubank, com seus "mimos", explora como ninguém essa propensão a devolver uma gentileza que nos fizeram. O banco chama esses presentes de WoWs para enfatizar o elemento surpresa para os consumidores. Vários deles viralizaram nas redes sociais, como a sanduicheira enviada para o cliente que não conseguiu comprar um lanche de madrugada, ou o brinquedo para a cachorrinha que comeu o cartão do dono. De uns tempos para cá, o Nubank passou a oferecer WoWs em tempo real. O que você acharia se, ao avisar o banco que seu cartão foi bloqueado, ele mandasse a pizza pela qual você estava tentando pagar quando digitou a senha errada? Pois é, as pessoas adoram esse tipo de coisa, divulgam, compartilham e agradecem sendo fiéis à marca.
- **Autoridade:** quando uma organização famosa, uma personalidade respeitada ou um bom influenciador emprestam credibilidade ao produto. Se o doutor Drauzio Varella diz que é preciso usar máscara e álcool gel para se proteger da covid-19, você acredita e obedece (ou deveria). A diferença é que os *baby boomers* confiam no especialista ou no aval "institucional", enquanto os *zennials* preferem um famoso ou alguém que admiram, e que não necessariamente é autoridade naquele assunto. Se a Anitta faz parceria com determinada marca de cerveja, seus fãs vão preferir tal bebida porque é a cantora quem está indicando – mesmo que nem saibam se ela realmente bebe cerveja.

- **Aprovação social:** gerações diferentes têm olhares distintos sobre a aprovação social de influenciadores. A princípio, quanto mais a pessoa se identifica com o influenciador, mais forte é o desejo de aprovação. Basta ver depoimentos de consumidores que estão falando de determinado assunto ou produto nas redes sociais. As pessoas sentem muita confiança em comprar aquele produto ou serviço quando têm uma chancela, uma aprovação social, de outros consumidores – e se essa recomendação vier de um *influencer* querido e respeitado, melhor ainda. Isso funciona para qualquer coisa. Pense nas mulheres que você conhece que pararam de pintar o cabelo. Será que elas teriam coragem de tomar essa atitude se celebridades do mundo inteiro não tivessem assumido, com orgulho, os fios grisalhos?
- **Afeição:** quando você é influenciado por outra pessoa por meio de gatilhos emocionais. Nesse momento, cria-se uma espécie de elo de confiança com aquela pessoa, motivado unicamente por afeição. Vendedores bem treinados são muito bons em estabelecer esse tipo de vínculo, puxando conversa sobre assuntos de interesse do cliente – como futebol, se a pessoa está usando a camiseta do seu clube do coração. É a afeição como forma de influenciar o consumo, a fim de gerar afinidade ou promover aproximação.
- **Escassez:** este é o mais presente em nossa vida. Muita gente compra determinado item porque sabe que aquilo é raro ou porque são as últimas unidades. Isso tem uma ligação muito grande com a necessidade humana de fazer parte de uma comunidade única e seleta, ou seja, pertencer a um grupo exclusivo que possui aquele objeto de desejo. É um gatilho que funciona bem com as gerações mais imediatistas, os *millennials* e *zennials*. Muitos adorariam ter um carro elétrico, enquanto isso ainda é uma novidade para poucos. Quando as ruas estiverem cheias deles, provavelmente vão perder a graça.

Existem muitos outros tipos de gatilho, mas a intenção aqui não é fazer uma lista completa. O que quero mostrar é que eles fazem com que os influenciadores se tornem cada vez mais relevantes, nas redes sociais ou em qualquer outro lugar. Esses gatilhos geram impacto em todas as gerações e em todos os formatos, fazendo com que você mesmo vire veículo, meio e mídia.

CAPÍTULO 3

O VALOR DA ATENÇÃO E O PODER DO CONTEÚDO

SE A TV É A JANELA, A INTERNET É A ESQUINA DO MUNDO	51
ENTÃO, POR QUE FICOU TÃO DIFÍCIL CAPTURAR A ATENÇÃO DO PÚBLICO?	54
SEPARADOS, MAS JUNTOS: NARRATIVAS E CONTEÚDOS TRANSMÍDIA	56
CONTEÚDO DE MARCA OU MARCAS COM CONTEÚDO?	61
SE O CONTEÚDO MUDA, A FORMA DE PRODUZI-LO TAMBÉM DEVE MUDAR	64
O MERCADO MUDOU, A REMUNERAÇÃO TAMBÉM	66
PRECIFICAÇÃO NO CHUTE	68
MARKETING DE INFLUÊNCIA: PREPARE-SE PARA A VERSÃO 2.0	69

Sou um entusiasta da televisão, daqueles que se incomoda quando ouve alguém se gabar de que não assiste TV – como se tal fato fosse algum mérito. Digo isso porque, por mais que a internet seja o maior canal de interação já inventado, a televisão foi, por uns sessenta anos, o principal meio de comunicação de massa do mundo. Muito do que se faz hoje na internet tem como base a produção de TV, assim como a própria televisão bebeu na fonte do rádio quando começou a dar seus primeiros passos.

Sem medo de soar exagerado, acredito que a televisão exerce, até hoje, um efeito quase hipnótico sobre as pessoas. Quem nunca parou para "dar uma olhadinha" e acabou deixando de lado o que estava fazendo, encantado pelas imagens em movimento na tela?

A TV está tão ligada à vida das pessoas que muita gente controla seus horários pela programação. Ouvir a abertura do *Jornal Nacional* sem a mesa estar posta é sinal de que o jantar está atrasado. O fim do *Fantástico* no domingo significa que o fim de semana acabou. Há quem lembre de reforçar o estoque de cerveja na quarta-feira, porque é noite de futebol. Mesmo que não seja o seu caso, pense um pouquinho... tenho certeza de que você vai se lembrar de alguém que usa a televisão como relógio ou que a deixa ligada para servir de companhia enquanto faz as tarefas de rotina.

No entanto, mesmo que a TV continue reinando de maneira absoluta entre as chamadas mídias de massa, o desafio de cativar o público fica cada dia mais difícil. Isso porque, quando os meios analógicos não tinham a concorrência do digital, era muito mais fácil prender a audiência. Se compararmos com o que temos hoje, vinte ou trinta anos atrás havia bem menos alternativas para as pessoas se informarem e se divertirem.

Agora, com a atenção do consumidor sendo disputada por uma infinidade de canais – não apenas os de TV –, o conteúdo se tornou peça-chave nessa conquista. Não importa se é um blog gerado com base em um seriado, um perfil em rede social de uma personagem de novela ou um documentário patrocinado na internet. As possibilidades de escolha são tantas que só vence a batalha pela atenção quem tem as melhores armas, ou seja, os melhores conteúdos.

SE A TV É A JANELA, A INTERNET É A ESQUINA DO MUNDO

Apesar de jornais e revistas terem, por muito tempo, pautado o debate público, vamos combinar que eles nunca foram realmente meios "de massa", pois sempre se restringiram à elite. Tivemos a fase dos jornais gratuitos, distribuídos nos cruzamentos das grandes cidades, mas durou pouco – de meados de 2006/2007 a 2019, quando o interesse do público começou a diminuir. Com a pandemia e as medidas de restrição de circulação de pessoas, as edições impressas sumiram de vez. Sobram a TV e o rádio como mídias realmente populares.

Quem vive e ganha a vida on-line vai duvidar, mas o IBGE prova que existem mais casas com televisão do que com internet. Em 2019 (último dado oficial disponível),[28] 83% dos domicílios brasileiros tinham acesso à internet – o que não é pouco. Mas a TV marcava presença em 96% deles.

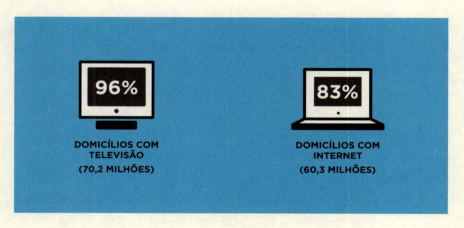

A televisão foi "inventada" no fim dos anos 1920, cresceu nas décadas de 1930 e 1940, e chegou ao Brasil em 1950, com a inauguração da TV Tupi. Aqui, como no mundo inteiro, ela substituiu o rádio na preferência do público e, desde então, tem sido a grande janela das pessoas para o mundo. Se pararmos para pensar, ela foi o meio que transmitiu os principais acontecimentos da humanidade nos últimos setenta anos. Veja só:

EVENTOS TRANSMITIDOS PELA TV QUE CATALISARAM A ATENÇÃO MUNDIAL

- **1963** — Assassinato do presidente John F. Kennedy;
- **1969** — Chegada do homem à Lua;
- **1970** — Tricampeonato de futebol do Brasil (e primeira Copa do Mundo transmitida em cores);
- **1975** — Retirada dos Estados Unidos encerra a Guerra do Vietnã;
- **1981** — Atentado contra o papa João Paulo II;
- **1989** — Queda do Muro de Berlim marca o fim da Guerra Fria;
- **1990** — Ataque de mísseis dos Estados Unidos ao Iraque dá início à primeira Guerra do Golfo;
- **1997** — Morte da Princesa Diana;
- **2001** — Atentado ao World Trade Center, em Nova York.

O 11 de Setembro é, para mim, o acontecimento que mais causou impacto. Logo depois que o primeiro avião se chocou com a torre norte do World Trade Center, emissoras do mundo inteiro suspenderam suas programações para transmitir a catástrofe. Dezessete minutos depois, com os repórteres ainda no ar, o segundo Boeing 767 atingiu a torre sul, diante do olhar incrédulo de bilhões de pessoas. Às 10 horas, a torre sul desmoronou e, meia hora depois, o mesmo aconteceu com a torre norte. Tudo ao vivo, bem na nossa "frente".

Quem era adulto ou adolescente na época com certeza se lembra do que estava fazendo naquele dia trágico (algumas crianças um pouco mais velhas também). Eu me recordo de estar voltando da escola, na fase final do ensino médio e em período de prova. Como de rotina, cheguei em casa para almoçar enquanto assistia ao *Jornal Hoje*, na TV Globo, e fiquei paralisado ao ver aquele acontecimento junto dos meus pais. Tenho lembranças de onde estava sentado na sala, do clima daquela tarde, como se fosse hoje. Naquele dia, vimos os rumos da história mudando diante de nossos olhos. Pela TV.

Esses são só alguns exemplos. Quais outros grandes eventos você se lembra de ter visto – ou sabe que foram transmitidos – pela televisão?

Além do retorno garantido de entrar em cada casa por esse Brasil afora, a TV permanece como um elemento de integração nacional. Não acredita? Então responda: o que você fez no dia 14 de julho de 2014? Não tem ideia? Vou dar uma dica: 7 a 1. Lembrou? Sim, até para quem não gosta de futebol, esse dia fatídico em que nossa Seleção tomou uma goleada da Alemanha ficou na memória. O desastre foi visto, ao vivo e em cores, por milhões de brasileiros. Pela TV.

TODO MUNDO LIGADO

Medir o poder da TV de unir o Brasil em torno de um assunto não é difícil. Durante os cem dias em que esteve no ar, o BBB21 atingiu, em média, 27,3 pontos de audiência, ou quase 40 milhões de telespectadores.[29] É como se toda a população do Rio de Janeiro e de Minas Gerais estivesse ligada no programa, e ainda caberiam os moradores do Mato Grosso do Sul para completar. No pico, mais da metade dos televisores ligados no país estava sintonizada no BBB. Isso aconteceu no episódio da eliminação da cantora Karol Conká, que bateu 38,3 pontos no ibope.[30]

Mas o dia em que o Brasil inteiro realmente parou em frente à TV foi em 1972, durante a transmissão do capítulo 152 da novela *Selva de pedra*. Naquele tempo não havia *people meter* (o aparelhinho que registra dados de audiência nos domicílios pesquisados). A medição era feita na ponta do lápis,

>>

literalmente. Os pesquisadores batiam de porta em porta e perguntavam o que a pessoa estava assistindo naquele momento.

Nessa noite, o televisor estava desligado em 23% das casas pesquisadas no Rio de Janeiro. Nos outros 77%, todo mundo esperava ansiosamente o momento da revelação de que a mocinha, Simone (interpretada por Regina Duarte), estava enganando todo mundo, fingindo ser sua irmã gêmea.[31] Já pensou se nessa época existisse o Twitter?

ENTÃO, POR QUE FICOU TÃO DIFÍCIL CAPTURAR A ATENÇÃO DO PÚBLICO?

Para começar, como apontei anteriormente, porque antes havia bem menos quantidade e variedade de fontes de informação e entretenimento. Mas esse é apenas um dos fatores.

Começando pelas transmissões em tempo real (mesmo): não tem como competir com os milhões de celulares com câmera que podem botar no ar qualquer coisa, a qualquer hora, nas redes sociais. Uma emissora de TV precisa apurar a informação antes de divulgá-la ou preparar com antecedência a transmissão (de um *reality show*, por exemplo). Isso custa tempo, dinheiro e trabalho. Mostrar os bastidores de um *show* ou de uma briga de trânsito chama a atenção com custo e esforço mínimos.

Outro ponto importante de que muitos não se dão conta é que o acesso à internet não é tão democrático quanto à televisão ou ao rádio. Vimos que praticamente todos os lares brasileiros contam com um aparelho de TV, que para funcionar só precisa que se aperte o botão de ligar. Para navegar na internet, a pessoa necessita ter um dispositivo (*smartphone*, computador, *tablet*), um plano de dados e um mínimo de conhecimento sobre como a coisa funciona. Mesmo assim, oito em cada dez brasileiros estão, de alguma maneira, conectados.[32] Ou seja, a concorrência é forte.

Além disso, na televisão ou no rádio dependemos do que a emissora escolhe mostrar. Antes isso acabava retendo mais o público, pois a informação permanecia concentrada ali. A grande virada aconteceu quando a audiência se tornou parte do processo, com transmissões via *streaming*, *lives*, comentários e *chats*. Graças a todas essas possibilidades de interação, hoje é mais difícil reter e captar a atenção em um único canal.

Por fim, temos a questão da queda de popularidade, principalmente entre os mais jovens. Como apresentei antes, a televisão é a rainha da mídia de massa, ainda mais no Brasil. Porém seu reinado vem decaindo aos poucos: em vinte anos, a TV aberta perdeu quase metade da audiência.[33] Em 2021, o *Datafolha* detectou que 19% do público em geral não assiste mais à TV tradicional, mas entre os jovens essa proporção chega a 28%. Os mais velhos são a audiência fiel: nove em cada dez telespectadores acima dos 60 anos continua assistindo à TV todos os dias.[34]

Vamos pegar como exemplo a programação infantil. As crianças dos anos 1970, 1980 e 1990 passaram horas intermináveis na frente da televisão. Quase todas as emissoras enchiam as manhãs com desenhos animados, seriados ou programas com brincadeiras e gincanas. *Vila Sésamo*, *TV Globinho*, *Castelo Rá-Tim-Bum*, *Bom dia & cia*, programa da Xuxa, da Eliana, da Angélica, do Bozo – foram ao menos uns trinta anos de produções para atrair a molecada.

E então, dois movimentos paralelos tiraram a graça da brincadeira. De um lado, cresceram as restrições à publicidade focada em crianças. De outro, a internet foi ganhando terreno a partir da virada do milênio. Na rede, os pequenos podem escolher o que querem ver, quando e, especialmente, quantas vezes. Por que você acha que a *Galinha Pintadinha* foi o primeiro canal brasileiro a romper a barreira do bilhão de *views*?[35]

Além disso, com um celular na mão, a criança se vira sozinha. Não vou entrar no mérito da questão sobre se é válido ou não deixar um dispositivo desses na mão de alguém tão jovem. Estou apenas constatando que crianças lidam com *smartphones* e *tablets* melhor que muitos adultos. E que a geração de hoje tem mais o que ver no YouTube do que a minha – e as anteriores – jamais teve na TV.

SEPARADOS, MAS JUNTOS: NARRATIVAS E CONTEÚDOS TRANSMÍDIA

Não dá para negar que as questões relativas a *timing*, facilidade de acesso e diminuição da popularidade são importantes quando o assunto é prender a atenção. Mas o grande nó dessa meada é que os veículos de comunicação de massa – não só TV e rádio mas também jornais e revistas – estavam acostumados a decidir o que publicar, produzir e entregar para o público em uma via de mão única e em apenas um canal. Vídeo para a televisão, áudio para o rádio, textos e fotos para os impressos. A pessoa podia ler, ouvir e assistir, mas interagir era quase impossível.

O meio digital permitiu a interatividade e foi além, obrigando a mídia tradicional a se reinventar para sobreviver. O que vemos hoje é a convergência desses meios, um processo no qual o conteúdo se desdobra em diversas plataformas e conversa com o público, convidando-o a participar da festa.

Um dos primeiros a notar esse fenômeno, lá em 2006, foi o professor e pesquisador Henry Jenkins, autor do obrigatório *Cultura da convergência* (se ainda não leu, ponha no topo da sua lista de prioridades).[36] Uma das coisas que mais atraiu meu interesse nesse livro foram três pontos que caracterizam a convergência das mídias:

- **Complementariedade:** na comunicação transmídia, um meio não é mais importante que o outro. Eles se completam. Na Copa do Mundo da Rússia, em 2018, o fã de futebol podia assistir às partidas na TV aberta ou paga, ouvir os jogos pelo rádio, ver estatísticas, resultados e análises de especialistas na internet, acompanhar o dia a dia dos atletas pelas redes sociais e, de quebra, comentar, torcer e se comunicar com outros fãs em tempo real;
- **Participação:** uma característica muito forte da convergência dos canais é a produção de conteúdo participativa ou colaborativa. Em vez de apenas receber a mensagem passivamente, o público interage, produz os próprios materiais e, melhor, tem poder de decisão sobre aquele conteúdo. Nós todos, como consumidores e produtores de conteúdo, entramos no processo, compartilhando, complementando e disseminando conhecimento;

- **Mudança cultural:** para Henry Jenkins, o grande motor dessas transformações não é a tecnologia, mas a cultura. Parece muito mais simples botar a convergência das mídias na conta da evolução tecnológica. Mas quem faz acontecer não é a máquina, é o ser humano, ao usar as novas ferramentas para pesquisar, comunicar, criar, conectar. Nativos digitais, os jovens estiveram na vanguarda do movimento.

> Meu argumento vai contra a ideia de que a convergência deve ser compreendida principalmente como um processo tecnológico que une múltiplas funções dentro dos mesmos aparelhos. Em vez disso, a convergência representa uma transformação cultural, à medida que consumidores são incentivados a procurar novas informações e fazer conexões em meio a conteúdos de mídia dispersos.[37]

Muitos usam o termo convergência, mas eu prefiro transmídia, que vai além. A essência desse conceito é que o conteúdo transita em diversos veículos, em diferentes mídias. Na comunicação *crossmedia*, a mensagem é adaptada para canais variados, ampliando o seu alcance. Na transmídia, os conteúdos veiculados nos diversos meios fazem parte do todo e o público é convidado a participar – muitas vezes, ativamente –, o que gera um engajamento muito mais intenso.

Você pode estar pensando "mas isso é feito há muito tempo". Será mesmo? Não estamos falando de pegar uma narrativa ou conteúdo e publicar em outros canais. Produzir material para o site e replicar no YouTube, no Instagram, no LinkedIn e no Twitter é uma ação multimídia, ou, no máximo, *crossmedia*. Transmídia é outra história. Nela, os conteúdos não se repetem, eles se complementam, usando a característica principal de cada meio.

O projeto AmarELO, do *rapper* Emicida, é um belo exemplo de como utilizar diferentes meios, formatos e canais para transmitir uma mensagem – no caso, de amor, paz e espiritualidade. Começou com um álbum lançado em 2019, em todas as plataformas de áudio. Depois, virou *show*, videoclipe, programa de televisão, série no YouTube, *podcast*, conteúdos diversos em redes sociais e documentário na Netflix. Sem contar a coleção de moda e acessórios lançada pela Lab Fantasma, do próprio Emicida.

Independentemente do formato – texto, vídeo, áudio –, o que importa é perceber que os produtores saíram do modelo linear para outro no qual, a partir de um núcleo central, são criados conteúdos complementares para plataformas distintas. Cercando por diversos lados, eles conseguem atrair a atenção da audiência em algum dos canais.

A Marvel faz isso brilhantemente. Nos quadrinhos, no cinema, nos jogos, no desenho animado ou comprando um brinquedo, você com certeza já interagiu com o Homem de Ferro. Acertei? O mesmo vale para a franquia Harry Potter, que começou com um livro e virou um universo em expansão, não só em termos de canais, mas de novas histórias e personagens.

MARVEL, DE EMPRESA FALIDA A "MULTIMIDIONÁRIA"

Nos anos 1990, o mercado de quadrinhos de super-heróis estava saturado, e a Marvel, quase falida. Graças a um bem executado plano de diversificação, ela não só se recuperou como foi fazer parte do grupo Disney, em 2009, por 4,2 bilhões de dólares.[38] Segue o fio:

- **1996** – Com uma dívida de centenas de milhões de dólares, o negócio vai à falência;
- **1998** – A nova diretoria começa o processo de recuperação, vendendo os direitos para o cinema de algumas das franquias mais famosas, como X-Men e Homem-Aranha;
- **Anos 2000** – A empresa aposta na diversificação, com o lançamento de dois novos selos (Marvel Knights, para jovens, e Marvel Max, focado no público adulto) e o licenciamento da franquia X-Men para *videogames*;
- **2003** – Com *X-Men: Evolution*, a empresa volta a investir em desenhos animados;
- **2005** – Graças a um financiamento para a produção de dez longas-metragens, nasce a Marvel Studios;

O MEIO DIGITAL PERMITIU A INTERATIVIDADE E FOI ALÉM, OBRIGANDO A MÍDIA TRADICIONAL A SE REINVENTAR PARA SOBREVIVER. O QUE VEMOS HOJE É A CONVERGÊNCIA DESSES MEIOS, UM PROCESSO NO QUAL O CONTEÚDO SE DESDOBRA EM DIVERSAS PLATAFORMAS E CONVERSA COM O PÚBLICO, CONVIDANDO-O A PARTICIPAR DA FESTA.

@flavinhosantos

- **2007** – É lançada a unidade Digital Comics Unlimited, plataforma que dá acesso a mais de 27 mil quadrinhos para quem for assinante;
- **2008** – Chega aos cinemas o primeiro filme da Marvel Studios, *Homem de Ferro*, que daria origem ao que hoje é conhecido como Universo Cinematográfico Marvel;
- **2009** – Disney compra Marvel por 4,2 bilhões de dólares;
- **2011** – O estúdio produz curtas-metragens com novas situações e personagens. Os vídeos são acompanhados por conteúdos extras nas versões *blu-ray* dos filmes;
- **2012** – Primeiro *crossover* do estúdio: *Vingadores* junta vários heróis no mesmo filme e fatura mais de 1,5 bilhão de dólares;
- **2013** – Marvel Television estreia com a série *Agentes da S.H.I.E.L.D.*;
- **2016** – Começa parceria com a Netflix, que gerou séries como *Luke Cage*, *Punho de Ferro*, *Os Defensores*, *Demolidor* e *O Justiceiro*;
- **2020** – Bonecos Spider-Man: Maximum Venom comprovam o sucesso de misturar os personagens favoritos das crianças em brinquedos e outros produtos;
- **2021** – Lançamento de *Avengers Mech Strike* em quadrinhos, "webisódios", jogos on-line, brinquedos e produtos licenciados.

Da mesma forma, as marcas precisam aumentar seu grau de exposição, ou seja, precisam marcar presença em múltiplos canais para estarem mais próximas de seu público. Resumindo, para que elas consigam fazer parte da vida das pessoas, devem diversificar sua presença na mídia, com diferentes tipos de conteúdo.

Se o consumidor for impactado em mais de um canal, ótimo! Se for em apenas um, isoladamente, a marca precisa garantir que ele entenda a mensagem. O conteúdo transmídia é complementar, mas deve fazer sentido por si só, em cada plataforma.

POTTERVERSO

A saga Harry Potter dá uma ideia atualizada e completa de como desdobrar uma boa história em várias mídias. O primeiro livro do menino bruxo que vai para a escola de magia de Hogwarts foi publicado em 1997 e a adaptação para o cinema saiu em 2001. O resto é história.

Os sete livros escritos por J. K. Rowling venderam mais de 500 milhões de exemplares[39] no mundo todo e renderam oito longas-metragens, um site oficial (Wizarding World, que substituiu o antigo Pottermore, em 2019), um parque temático em Orlando, mais de uma dúzia de *videogames*, uma peça de teatro (*Harry Potter e a criança amaldiçoada*), inúmeras comunidades on-line e um número ainda maior de histórias criadas por fãs (*fanfics*).

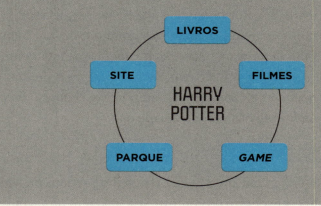

CONTEÚDO DE MARCA OU MARCAS COM CONTEÚDO?

Quando destaco o papel crucial do conteúdo (transmídia ou não) para captar a atenção da audiência, não estou querendo reinventar a roda. O conteúdo sempre foi o coração da publicidade. Só que, antes, ele acontecia de modo diferente.

Quem assistiu ao seriado *Mad men* (recomendo) deve se lembrar dos comerciais de cigarros, bebidas e carros que vendiam um conceito de *lifestyle* e uma estética baseada em jovens, esportistas e mulheres bonitas. Para fazer parte daquele clube seleto, você devia fumar Marlboro ou Lucky Strike, beber Campari e dirigir um carrão da Chrysler. Mas e agora? Você se lembra de algum comercial que marca alguma série a que você assiste? Provavelmente a resposta é não.

Simplificando ao máximo, eu apontaria duas diferenças fundamentais entre a publicidade de antes e a de agora. Primeiro, é um formato que funciona na base da interrupção – quando o comercial aparece no meio do programa, não tem como pular. Atualmente, as marcas fazem de tudo para aparecer sem atrapalhar a experiência do usuário. O segundo ponto é que, hoje, a pessoa pode usar filtros para selecionar o que quer ver ou quem quer seguir, coisa impossível em um cenário de mídia de massa.

O fato é que a comunicação interativa trouxe o público para dentro do processo de consumo-produção de conteúdo. Assim, estamos vivendo uma era de transição da publicidade de interrupção para a de permissão. E o marketing de conteúdo é altamente permissivo.

Por saberem disso, muitas marcas passaram a trabalhar para envolver o consumidor de uma maneira que provoque encantamento em vez de irritação. Difícil? Com certeza. Para realizar essa proeza, elas investem, principalmente, em três estratégias vencedoras: *branded content*, *brand publishing* e conteúdo orgânico.

BRANDED CONTENT

É qualquer ação criada por uma marca na qual o produto ou serviço aparece, naturalmente, dentro do contexto. Ele não tem protagonismo, é um elemento da narrativa. Justamente por não colocar o produto no plano principal, o conteúdo tem características orgânicas e consegue passar a mensagem de um jeito mais espontâneo.

BRAND PUBLISHING

Muitos o consideram a evolução do *branded content*. No *brand publishing*, as próprias marcas se tornam mídia. Basicamente, é uma estratégia na qual se criam plataformas que permitem que as marcas divulguem conteúdos sobre o seu segmento de mercado, temas de interesse dos consumidores e – por que não – sobre elas mesmas.

O sucesso de iniciativas de *brand publishing* vem motivando anunciantes a redirecionarem seus investimentos em mídia para dentro de casa. Isso vale até para as redes sociais. Por exemplo, o jornalista Hugo Gloss, que tem mais de 19 milhões de seguidores no Instagram, hospeda seu site dentro do UOL. Seu plano (pelo menos até o momento em que escrevo) é criar uma plataforma própria para não depender de terceiros. Um caso de *brand publishing* de pessoa física.

CONTEÚDO ORGÂNICO

É o que toda marca busca: conquistar uma boa *fan base*, encontrar seus *brand lovers*, criar comunidades e encantar esse público a ponto de eles produzirem conteúdos nas próprias redes sociais falando sobre a marca. Quem nunca tirou uma *selfie* em um espaço instagramável (aqueles criados especialmente para incentivar as pessoas a fotografar para postar em suas redes sociais)? Vídeos no YouTube, tuítes, álbuns no Pinterest, qualquer conteúdo publicado espontaneamente, fazendo referência ao produto ou serviço, contam como conteúdo orgânico.

Antes de continuar, quero lhe propor um desafio: faça uma lista com exemplos de cada uma dessas estratégias. De preferência, sem consultar o Google. Vamos ver quantos (e quais) você consegue identificar.

De minha parte, vou compartilhar aqui alguns dos meus *cases* favoritos.

Um que já entrou para a história da publicidade foi a ação de *branded content* da Samsung na cerimônia de entrega do Oscar em 2014. A anfitriã da festa, a atriz e apresentadora Ellen DeGeneres, a todo momento tirava fotos e as postava usando um *smartphone* Galaxy. Em uma das vezes, um punhado de estrelas de cinema (Bradley Cooper, Julia Roberts, Brad Pitt, Meryl Streep, entre outros nomes) se juntou para uma *selfie* que viralizou em minutos. Até 2017, aquela foi a foto mais retuitada de todos os tempos e, ainda hoje, ostenta um brilhante quarto lugar, com 3,1 milhões de compartilhamentos.[40] Ponto para a Samsung que, sem aparecer, foi o assunto da noite nas redes sociais. É verdade que, nos bastidores, Ellen foi flagrada usando seu iPhone, mas isso é outra história.

Em termos de *brand publishing*, a maior referência, sem dúvida, é Red Bull. Quem acha que é só uma marca de energético muito badalada não deve saber que a empresa tem um negócio de mídia ainda mais bem-sucedido. A Red Bull Media House controla a Red Bull TV; o Terra Mater Factual Studios; a revista *The Red Bulletin*; um *website* repleto de conteúdos próprios sobre esportes, cultura e estilo de vida; além do Red Bull Content Pool, um *hub* de conteúdo que terceiriza operações em *mobile*, em áudio e, *of course*, no digital.

A marca não faz propaganda tradicional. Ela usa a Media House para potencializar o alcance dos eventos que organiza (lembra-se do sujeito saltando de paraquedas da estratosfera?), dos atletas que patrocina, dos próprios canais de mídia e até para divulgar a bebida que fabrica.

No caso de conteúdo orgânico, entre as dúzias de exemplos que eu poderia citar, um *case* que me fascina pela grande sacada é o do "Essa Coca é Fanta". Para celebrar o Dia Mundial do Orgulho LGBTQIA+, a marca decidiu usar essa expressão pejorativa para combater o preconceito. Foi produzida uma série especial de latinhas de Coca que, na verdade, continham o outro refrigerante e traziam estampada a frase: "Essa Coca-Cola é Fanta. E daí?".

O público foi à loucura. As pessoas começaram a fazer os próprios vídeos com o mote da ação, criaram produtos *fake* com o *slogan* (de capinha de celular a camiseta) e até a pesquisa no Google pela expressão "essa Coca é Fanta" ganhou um novo sentido. Coca/Fanta virou *hit* no Carnaval, gerando mais uma avalanche de fotos e vídeos nas redes sociais. Uma simples lata foi capaz de transformar uma expressão homofóbica em símbolo de orgulho LGBTQIA+. É ou não é de arrepiar?

SE O CONTEÚDO MUDA, A FORMA DE PRODUZI-LO TAMBÉM DEVE MUDAR

Como não podia deixar de ser, esses movimentos impactaram *players* ainda presos aos modelos tradicionais (ou seja, a maioria). Agências, plataformas e marcas precisaram se reinventar e começaram a montar times especializados, seja em forma de *squads*, de departamentos, seja de estúdios de criação a fim de trazer os criadores de conteúdo para dentro de casa.

Do lado das agências, elas precisaram, direta e rapidamente, formar equipes de conteúdos criativos. Na minha, por exemplo, criamos uma área de *creative content* para ajudar a plugar conteúdos diferentes nas nossas estratégias de influenciadores. Já existe até uma evolução desses *squads*, agora divididos por nicho – por exemplo, um grupo formado para trabalhar somente com diversidade. Em outras palavras, *hubs* segmentados para conversar com comunidades específicas.

As plataformas foram ainda mais longe em suas iniciativas para apoiar e incentivar os produtores de conteúdo. O Twitter tem a ArtHouse, que seleciona criadores para desenvolver ideias e materiais para as marcas, além de ajudar as próprias marcas a criar diferentes conteúdos e a se conectarem com uma audiência mais qualificada. Já o TikTok tem um Portal de Criadores com tudo o que alguém precisa saber para usar bem a plataforma.

Até 2020, havia unidades do YouTube Space em Berlim, Londres, Los Angeles, Nova York, Paris, Tóquio e no Rio de Janeiro. Eram espaços colaborativos com estúdios, equipamentos de audiovisual e de edição, cursos de criação e outras facilidades para ajudar os criativos a produzir mais e melhores vídeos. Por causa da pandemia, os espaços foram fechados (permanentemente) e substituídos por espaços físicos *pop-up* temporários e por seminários e *workshops* on-line.

Poderia citar outros exemplos, mas acredito que você já captou a ideia.

Os anunciantes não ficaram atrás – alguns, de fato, estão na vanguarda desse movimento. É o caso da Ambev com seu estúdio de conteúdo, o Draftline, que publica material diariamente nas redes sociais de suas principais marcas (Brahma, Budweiser, Guaraná Antarctica, Skol e Stella Artois). Outros aderiram mais recentemente, como a Vivo com o Vivo On, departamento responsável pela criação de posts e vídeos para estreitar a relação entre a operadora e o público.

Todas essas novas possibilidades de criação e propagação de mensagens impactam diretamente não só os *creators* mas também outras classes de produtores de conteúdo. Já temos artistas que lançam músicas pensando em um formato que viralize no TikTok ou no Instagram. Adaptar-se a soluções que possam fazer com que aquela canção seja mais ouvida é uma grande mudança para a indústria musical. No fundo, todos precisam se adaptar às transformações sobre as quais falamos até aqui – transformações no processo de criação, nos canais e nos formatos em que as pessoas querem consumir conteúdo.

O MERCADO MUDOU, A REMUNERAÇÃO TAMBÉM

Falamos sobre o desafio de capturar a atenção do público em meio ao bombardeio diário de informações; dos novos e velhos canais e dos formatos de conteúdo criados para vencer esse desafio; e sobre o que os influenciadores têm feito para se adaptarem às constantes demandas do mercado. Se você me acompanhou até aqui nessa jornada, talvez já tenha adivinhado onde ela termina: na questão do dinheiro.

Tudo tem um preço: a produção do conteúdo, o espaço publicitário, o salário dos colaboradores (que trabalham nas agências, nos anunciantes, nas plataformas, nas produtoras etc.). Porém, a pergunta que mais ouço quando se trata de dinheiro é: "Quanto custa contratar um influenciador?".

Pelo mercado circulam inúmeras tabelas apontando critérios de precificação, *e-books* que mostram como o influenciador deve construir sua proposta de valor (e cobrar por ela) e indicadores de preço de acordo com o número de seguidores e por plataforma. Existem, inclusive, *influencers* que tomam por base o próprio histórico de remuneração, ou seja, analisam quanto ganharam em campanhas anteriores.

A verdade é que não existe padrão, mas sim um conjunto de fatores que ajudam na composição do valor a ser cobrado: se o perfil é famoso, se a pessoa está na TV, se está em evidência ou não, se acabou de participar de um *reality show*, se algum de seus conteúdos viralizou... Porém, não existe fórmula que consiga calcular o peso desses fatores no preço final. E ainda tem o valor intangível. Para mim, marketing de conteúdo é, basicamente, capital humano. E isso é muito difícil de ser precificado.

Como existem inúmeras variáveis a serem consideradas para determinar o preço, vamos focar as principais:

- **Escopo do trabalho e volume de conteúdo:** se é *story* ou *feed*; se é uma ou são, três ou dez postagens por dia, semana ou mês;
- **Plataformas:** entra na conta se o influenciador vai trabalhar nas que são mais "hypadas", naquelas em que ele tem mais engajamento ou em todas elas;
- **Alcance:** é algo que não se limita ao número de seguidores. Pode acontecer de a quantidade não se mostrar tão expressiva, mas o alcance dentro daquela comunidade ser enorme. Nesses casos, é possível cobrar valores próximos (ou até maiores) aos de influenciadores com milhões de fãs;
- **Qualidade e complexidade do conteúdo:** uma coisa é pegar o celular, ligar a câmera e gravar um vídeo. Outra bem diferente é uma produção com cenografia, iluminação, composição de produto, *storytelling*. Não tem como essas duas situações custarem o mesmo valor;
- **Questões contratuais:** período de vigência do contrato; exclusividade (ou não) com a marca; tempo de duração desse acordo; condições de mercado – por exemplo, no pré-Black Friday, a demanda por influenciadores aumenta e, com ela, os preços cobrados por eles;
- **Direito de impulsionamento:** se a marca quer que o conteúdo chegue ao maior número de pessoas de maneira paga, esse valor deve entrar no cálculo;
- **Intermediação:** tema delicado e, por isso mesmo, pouco comentado. Muitos criadores são agenciados por uma empresa ou têm um empresário. Ou seja, a negociação passa por uma agência especializada, que é contratada pela agência de publicidade do anunciante. Quanto mais intermediários, maior o impacto no valor final.

Um ponto que, pessoalmente, considero importante, embora não seja quantificável, é o que chamo de **valor moral**. Associar o nome a uma marca de prestígio, líder em seu segmento, com propósito bem definido e que apoia causas com as quais o influenciador se identifica é algo tão valioso que não é mensurável. Trata-se do tal valor intangível, que todo mundo deseja, mas é difícil de conseguir.

PRECIFICAÇÃO NO CHUTE

Realmente, na hora de cobrar, não existe padrão. É mais um caso de profissionalização ou amadorismo. Existe a linha de frente profissional, a das pessoas que já vivem de influência – artistas, celebridades, *big names* que trabalham com isso há anos. Esse pessoal é agenciado, conta com escritórios de representação, empresários, toda uma estrutura de suporte. Mas também há uma parcela enorme de criadores de conteúdo que precisam se virar sozinhos.

Quando se trabalha com influenciadores menores, o problema fica ainda mais evidente. É responsabilidade dos especialistas do ramo educar o mercado em relação a isso, já que são profissionais que lidam, diretamente, com negociações de preço. Eles são uma ponta importante do processo.

Na agência, tivemos uma experiência que ilustra bem o que estou querendo dizer. Em um projeto para um cliente do setor financeiro, mapeamos várias páginas interessantes, entre elas uma no Instagram chamada Metas para 2020. Era um perfil super básico, criado por um estudante de 18 anos, do litoral fluminense, que todo dia postava uma meta para o ano seguinte. Coisas simples, como não perder o horário de acordar de manhã ou estudar todos os dias para o Enem.

A identificação das pessoas foi tão grande que, em três dias, a página ganhou 1 milhão e meio de seguidores e o conteúdo viralizou, com artistas e influenciadores de peso repostando as frases que ele publicava. Então abordamos o criador para fazer uma cotação de orçamento. Era um garoto, que obviamente nunca tinha trabalhado com isso, e portanto não sabia quanto cobrar.

Ele tinha uma taxa de engajamento altíssima naquele momento e conseguia resultados mais expressivos do que muitos famosos. Os *stories* batiam 400 mil, até 500 mil *views* cada um. Quase um terço da audiência era impactada pelo conteúdo. O valor que o rapaz pediu era tão simbólico que nem vou revelar. Então fizemos o trabalho de segurar na mão dele, explicar o que estava acontecendo e ajudá-lo a tirar o melhor proveito daquele momento de sucesso.

Naquele período específico, de virada de ano, no qual as pessoas projetavam metas para o ano seguinte, fizemos publicidade com bancos, empresas de cosméticos, de viagens. Muitas grandes marcas apostaram na página e conseguimos vender posts por até 50 mil reais. Conto essa história com prazer, porque ajudamos a mudar a vida desse rapaz e de sua família. Parafraseando aquela famosa propaganda, "isso não tem preço".

MARKETING DE INFLUÊNCIA: PREPARE-SE PARA A VERSÃO 2.0

Para concluir este capítulo, quero falar do que vem pela frente. Chegamos a um ponto no qual o tamanho da base de fãs não é mais suficiente para garantir altos cachês. Ainda é um movimento incipiente, mas aposto minhas fichas que o modelo que vai prevalecer nas negociações entre marcas e influenciadores será o de remuneração por desempenho. Nele, não basta ter 10 milhões de seguidores, é preciso trazer resultados concretos. Ou seja: sem performance, sem biscoito.

Não é mais tão raro uma empresa propor que o pagamento, ou pelo menos parte dele, seja por *success fee* (quando o ganho é proporcional ao resultado que a pessoa gera com seu trabalho). Mas é um paradigma difícil de quebrar porque, pelo modelo atual, muita gente recebe valores astronômicos por sua popularidade, não pela eficiência.

O Brasil ainda caminha a passos lentos na direção da remuneração por performance. Por enquanto, os criadores de conteúdo não estão preparados para uma forma que valoriza menos a visibilidade e mais a contabilidade. De minha parte, acredito que, daqui em diante, a tendência será o influenciador dividir o risco com o anunciante, comprometendo-se não só em relação ao número de seguidores, mas com o resultado em termos de alcance, engajamento e desempenho. E ele será remunerado de acordo com sua entrega.

CAPÍTULO 4

O QUE É INFLUÊNCIA DE VERDADE

A INFLUÊNCIA DO PODER	73
DIGITAL INFLUENCERS NASCERAM ANTES DAS REDES SOCIAIS	74
COMERCIAL × ORGÂNICO OU VICE-VERSA	78

> **Influência,** *s. f.* Ato ou efeito de *influir*; ação que uma coisa exerce sobre outra; entusiasmo; influxo; preponderância; prestígio; crédito

Aurélio Buarque de Holanda, *Pequeno Dicionário da Língua Portuguesa*

Resumindo de maneira simples e direta, como fez mestre Aurélio Buarque de Holanda, influência é exercer uma ação que gera algum tipo de interferência. Se substituirmos "interferir" por "interagir", podemos considerar que influenciar uma pessoa pressupõe interagir com ela. E interagir faz parte do nosso DNA, é a base de toda a nossa cultura.

O ser humano é movido a interação. Precisamos interagir com outras pessoas – seja no mundo real, seja no virtual, tanto faz. O que importa é que, graças à nossa natureza social, a tendência é que a gente influencie e seja influenciado, como deixamos bem claro no início desta obra. Fazemos isso porque sentimos necessidade de participar, de pertencer a um grupo, uma tribo, uma comunidade. Para isso, precisamos interagir. E interagir é influenciar.

Na famosa pirâmide de Maslow (ensinada na primeira aula do curso de marketing), amor e pertencimento são tão importantes que aparecem em terceiro lugar na lista de necessidades básicas do ser humano, logo depois das necessidades fisiológicas para sobrevivência (respirar, comer, dormir) e segurança (saúde, proteção, estabilidade).

É por causa desse senso de pertencimento, inerente ao ser humano, que não acredito que "ser influenciado" seja ruim. A expressão ganhou um sentido negativo de que a pessoa influenciada, ou influenciável, não tem opinião própria nem pensamento independente. Mas a verdade é que a influência faz parte da nossa vida porque, para nós, é importante seguir o mesmo conceito que nossa comunidade segue, pois escolhemos pertencer a ela.

O poder da influência é tão amplo que cada um tem em si alguma coisa que vai servir para o outro. Pode ser a indicação de um livro ou de um restaurante, uma receita do *Tastemade* para cozinhar ou até lições de um empreendedor para outro que está com dificuldade em administrar seu negócio. Este livro também pode influenciar os leitores, até mesmo incentivá-los a pesquisar mais o tema. O que está em questão é que todo mundo tem alguma coisa para dizer e todo mundo tem alguma coisa para aprender.

Também já dissemos que influência existe desde sempre. Mas não dá para negar que o digital expandiu seu poder e alcance para além do que jamais sonhamos. Em termos econômicos, o marketing de influência deve movimentar 13,8 bilhões de dólares em 2021, na estimativa do *Influencer Marketing Hub*. Na última pesquisa anual realizada por eles (que ouviu mais de 5 mil profissionais), 59% responderam que tinham um orçamento reservado para o marketing de conteúdo e, desse pessoal, 75% pretendiam separar uma verba só para marketing de influência.[41]

A INFLUÊNCIA DO PODER

Existem muitos estudos sobre o poder da influência que explicam por que há pessoas que conseguem influenciar outras, por que tem gente que fica quase hipnotizada por bons influenciadores ou por que passamos tantas horas no celular vendo a vida dos outros, sendo influenciados sem nos darmos conta disso.

Não há como dizer quando essa história começou, mas, economicamente falando, dá para rastrear a trajetória da influência nos hábitos de consumo a partir do século XVIII. Muitos estudiosos consideram a rainha Charlotte (esposa do rei George III, da Inglaterra) a primeira *influencer* da história.

Era 1765, e a rainha tinha verdadeira paixão pelos luxos que chegavam do Oriente, especialmente pela porcelana chinesa. Sabendo disso, o dono de uma fábrica inglesa de porcelana, Josiah Wedgwood, teve a ideia de criar um jogo de chá especialmente para Sua Majestade.

O que tinha ele de tão especial que só a realeza podia usar? Nada. Era basicamente igual aos milhares de outros que podiam ser encontrados na casa de qualquer um que não fosse desafortunado demais para comprar porcelanas para servir à mesa. A diferença é que as peças do jogo da rainha eram feitas pelo sr. Wedgwood em pessoa. Ou, pelo menos, assim ele dizia.

A rainha Charlotte ficou tão encantada com o conjunto que encomendou outros para dar de presente a membros da família real. O esperto comerciante acabou nomeado "ceramista de Sua Majestade", título que se aplicava também aos seus produtos.[42]

A partir daí, tudo o que saía da linha de produção levava o carimbo de Queensware. Precisa dizer que todo mundo quis a porcelana da rainha e que o empresário ficou muito rico? Mais de 250 anos depois, a marca mantém seu *status* de estado da arte em termos de porcelana. Seus produtos custam mais caro que as da concorrência, e muita gente se dispõe a pagar mais para ter uma legítima peça Wedgwood em casa.

Tenho outro exemplo que considero tão importante quanto o da rainha Charlotte, mas que tem mais a ver com a questão cultural do que com a econômica. Você já deve ter visto filmes de época que mostram os nobres franceses com aquelas perucas brancas enormes, certo? Quem lançou a moda foi Luís XIV, também conhecido como o Rei Sol, durante seu longo reinado de 1643 a 1715.[43]

Ele começou a usar perucas pelo mesmo motivo que muita gente usa até hoje: calvície. É claro que os membros da corte, querendo agradar o rei, passaram a imitá-lo. Alguns incrementaram o acessório passando talco ou farinha, para deixar os fios brancos, em alusão à respeitabilidade dos mais velhos. Apesar de nojentas (eram verdadeiros ninhos de piolhos), as perucas viraram símbolo de prestígio, usadas por quem era – ou queria parecer – importante.

Contei essas histórias para mostrar que a influência não surgiu nem está restrita ao digital, e também para provar o poder que uma boa história tem de capturar a atenção. Falaremos disso mais adiante.

Fico surpreso ao ver o fenômeno dos influenciadores sendo classificado como algo novo. É verdade que a tecnologia os aproximou do público final, tornou-os conhecidos e os ajudou a divulgar suas mensagens. Mas, como mostram as histórias da rainha Charlotte e do Rei Sol, inspirar e servir de referência para outros não é uma coisa de agora.

DIGITAL INFLUENCERS NASCERAM ANTES DAS REDES SOCIAIS

As mídias ditas como tradicionais – o rádio, o cinema, a televisão – não são conhecidas como meios de comunicação de massa à toa. Graças a elas, ideias, modas, modismos e tendências se espalharam pelo mundo afora muito antes que o primeiro vídeo fosse postado no YouTube.

Pense no poder de influência das produções hollywoodianas. Há vinte anos, todo mundo queria óculos iguais aos dos heróis de *Matrix*. Com sua sofisticada cabeleira branca, a temível Miranda Priestly, de *O diabo veste Prada*, encorajou muitas mulheres a assumirem os fios grisalhos. Nos anos 1960 e 1970, ter um carro ou um relógio igual ao de James Bond era o sonho de consumo de muitos — mesmo que acessível para poucos.

A marca Aston Martin ganhou fama como "o carro do 007". O modelo DB5 virou um dos automóveis mais icônicos do cinema após aparecer em *007 contra Goldfinger* (1965) e em *007 contra a chantagem atômica* (1966). Seus Rolex tornaram-se peça de colecionador. O relógio usado por Sean Connery no primeiro filme da franquia (*007 contra o satânico dr. No*, de 1962) foi a leilão por um valor estimado em 1 milhão de dólares.

Mas meu exemplo favorito é Diana Spencer. A inesquecível Lady Di foi uma grande influenciadora, a primeira que me marcou e de quem sou fã assumido. Era fantástica a forma como Diana abria a porta do carro, olhando para o fotógrafo, já sabendo que aquele clique ia virar capa de jornal. Ela influenciava as pessoas com seu corte de cabelo, com o estilo de roupa. Tudo o que ela usava explodia em vendas. O comprimento de seus vestidos ditava a moda.

Lady Di sempre esteve presente na memória do público (mesmo dos não fãs), mas ganhou destaque maior em 2021 porque, se estivesse viva, completaria 60 anos. Não dá nem para imaginar qual seria o poder de influência da princesa com as plataformas de *social media* que temos hoje. Só para ter uma ideia, a Gucci relançou uma bolsa que era a favorita de Lady Di, batizada de Gucci Diana. O modelo mais barato custa 2 mil libras e vende como água.[44]

Não é simplesmente fenomenal? Alguém que não está mais entre nós, que não viveu a era digital, mas que, desde sempre, inspirou e serviu de referência para milhões de pessoas no mundo inteiro. Isso, meus amigos, é influência em estado puro.

O SER HUMANO É MOVIDO A INTERAÇÃO. PRECISAMOS INTERAGIR COM OUTRAS PESSOAS – SEJA NO MUNDO REAL, SEJA NO VIRTUAL.

@flavinhosantos

Quando menciono o poder da influência na era digital, não estou nem falando de redes sociais. Não vamos nos esquecer de que, muito antes dos Facebooks e WhatsApps da vida, já existia um fervilhante universo on-line. Contido pelas limitações da tecnologia, é verdade, mas nem por isso menos atuante – e empolgante.

Sou da época do Fotolog, um site em que a gente armazenava fotografias digitais e que permitia compartilhar as imagens – em suma, o avô do Instagram. O Orkut ensaiava seus primeiros passos e os blogs estavam em alta. Ou seja, já havia canais digitais de diálogo que ajudavam a formar comunidades.

Havia, por exemplo, as *melisseiras*, garotas apaixonadas por uma linha de sandálias de plástico chamada Melissa (lançada em 1979 pela Grendene), que eram febre nos blogs e fotologs da época. Elas davam palpite nos lançamentos, comentavam sobre o que tinham gostado ou não, faziam críticas e elogios. Eram capazes até de explicar por que determinado modelo encalhava nas lojas. Reconhecendo a importância dessas *brand lovers*, a marca as trouxe para perto e, com a parceria delas, foi ganhando cada vez mais visibilidade – e fãs.

Quero deixar essa reflexão de que o digital potencializou o poder da influência mesmo antes das redes sociais. A interação já era on-line porque as pessoas estavam conectadas, ainda que o alcance fosse reduzido. Vamos chamar esse momento de versão 1.0 da influência digital.

Com a entrada em cena das plataformas de redes sociais, mais a democratização do acesso à internet, a coisa explodiu. Estamos na versão 2.0 do processo, ou talvez um pouco à frente – é difícil identificar quando se está totalmente envolvido em alguma coisa. O que sei com certeza é que não estamos nem perto de atingir o potencial máximo da tecnologia.

Acredito que vivemos uma espécie de "despertar digital", com novidades surgindo a cada dia. Os consumidores que são nativos digitais já nasceram "despertados" para as marcas que se utilizam de influenciadores e que fazem da influência um elemento formador de comportamento e atitude. Mas o melhor ainda está por vir!

COMERCIAL × ORGÂNICO OU VICE-VERSA

O poder de influência não necessariamente está nas redes sociais. Mas é nelas que as pessoas ganham visibilidade, além de gastarem tempo considerável olhando *feeds*, *stories*, *lives* etc. Trata-se de um reflexo, um espelho da sociedade. Ou, como dissemos, uma versão 2.0 da influência digital.

Essa nova versão ressignificou não só a influência como também o jeito de consumir e receber indicações de produtos, serviços, tendências. Ao mesmo tempo, a pandemia provocou o crescimento acelerado do comércio eletrônico, do movimento de compras on-line. O próximo passo deve ser o *boom* do *social commerce*, uma forma de comércio nativa das redes sociais.

No *social commerce*, você não precisa sair da rede social para fazer a compra. Se, navegando na *timeline*, topar com algo que queira, basta clicar no botão e informar os dados de pagamento. O vendedor não redireciona o usuário para sua loja virtual nem para um *marketplace*, o negócio é fechado ali mesmo, sem sair do aplicativo. No WhatsApp, o processo é feito por troca de mensagens e dá para pagar pelo próprio *app*.

Aqui no Ocidente, o *social commerce* deve começar a esquentar de verdade quando os *zennials* (que, lembremos, não conhecem um mundo sem redes sociais) tiverem renda própria para gastar como quiserem.

Na China, no entanto, esse modelo já é um sucesso. Por lá, o varejo *social commerce* movimentou 242 bilhões de dólares em 2020 e a previsão é de que esse valor dobre até 2023.[45] Os negócios se concentram em três grandes plataformas: WeChat, XiaoHongShu e Pinduoduo – já que chineses não têm Facebook nem Instagram, muito menos WhatsApp.

O *social commerce*, como o próprio nome diz, é um formato comercial, e que tende a dar certo com o tempo. Até lá, veremos uma integração natural entre publicidade e postagens cotidianas das marcas e pessoas. Enquanto isso não acontece, porém, o que mais ouço dos clientes que me procuram é que eles querem campanhas orgânicas, ou seja, que pareçam menos com publicidade e mais com postagens espontâneas; menos comerciais e mais "naturais".

O dicionário define orgânico como algo que é cultivado sem insumos ou processado naturalmente. É exatamente essa a essência do conceito de orgânico no processo de comunicação: um conteúdo que não conta com impulsionamento pago, mas que é disseminado voluntariamente pelo público nas redes. É a mesma coisa que a busca orgânica do Google, ou seja, os resultados que aparecem na lista sem que alguém tenha pagado para eles estarem no topo (como é o caso dos *links* patrocinados).

No marketing de influência, orgânico está também ligado ao gratuito – para o anunciante, é claro. Significa que a marca não impulsionou, pagou nem monetizou aquele conteúdo. Se alguém recomenda um produto ou serviço sem que haja vínculo comercial, sem receber nada por isso, está fazendo uma indicação orgânica.

O custo zero é uma vantagem, mas não a principal. Um conteúdo orgânico é valioso porque a pessoa está dando seu aval para um tênis, uma plataforma de *streaming* ou um salgadinho de boteco espontaneamente, e isso tem um grau de credibilidade que propaganda nenhuma é capaz de alcançar. A publicidade pode muito, mas o boca a boca pode mais.

O que nos leva de volta à questão que discutimos até aqui: o que é influência de verdade? Por que (e por quem) somos influenciados? Porque somos seres sociáveis e a influência é um fenômeno sociocultural – somos influenciados por celebridades e anônimos, conhecidos e desconhecidos, na internet ou em uma roda de conversa de bar. Ou porque, simplesmente, faz parte de estar vivo.

CAPÍTULO 5

INFLUENCERS, STORYTELLERS E GAROTOS--PROPAGANDA

INFLUENCIADORES ANALÓGICOS	**83**
INFLUENCIADORES VIRTUAIS	**84**
O QUE DISTINGUE UM INFLUENCIADOR PROFISSIONAL DE UM AMADOR	**85**
CATEGORIAS	**87**
EXISTE INFLUENCIADOR ORGÂNICO?	**89**
COM QUANTOS SEGUIDORES SE FAZ UM *INFLUENCER*	**91**
STORYTELLERS, OS CONTADORES DE HISTÓRIAS	**92**

Explicar o que é influência não é tão difícil. Bem mais complicado é definir quem pode ser considerado influenciador, no sentido mais estrito do conceito. Afinal, como já disse algumas vezes, todos somos influenciadores. Isso se tornou tão comum que o próprio termo *influencer* está ficando banalizado.

Nesse sentido, prefiro chamá-los de "inspiradores", pois servem de referência e incentivo para as pessoas nas suas vidas cotidianas. Até porque não existe consenso sobre qual palavra usar para nomear esse pessoal. Já ouvi blogueira, blogueirinha, *blogger*, *instagramer*, *tiktoker*, *trendsetter*, *digital influencer*, *creator*, criador de conteúdo. Fique à vontade para completar a lista com os termos que você conhece.

Algumas marcas começaram a usar curador de conteúdo. Recentemente, fui apresentado a uma terminologia nova: genuinfluenciadores. São formadores de opinião mais interessados em passar uma mensagem do que em ganhar dinheiro com publicidade. Se consideram genuínos, no sentido de que se preocupam com a verdade e a transparência do conteúdo que publicam. Parte deles prefere o termo neoinfluenciador. É tudo tão recente nesse mercado, que a cada dia surge uma expressão nova.

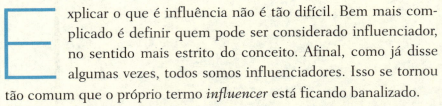

Gosto do termo "inspirador" porque os influenciadores, além de inspirarem seus seguidores, buscam referências para criar conteúdos. Na moda, nas artes, no *design*, os profissionais sempre buscaram modelos, parâmetros e ideias para fazer seu trabalho. Aquele ditado "nada se cria, tudo se copia", apesar do cinismo, tem um fundo de verdade. Referências todo mundo usa. Algumas viram obras de arte; outras, cópias malfeitas. A maioria fica no meio-termo.

É importante enfatizar que não existe uma hierarquia influenciador × influenciado. De um lado, o produtor de conteúdo ouve o público, capta seus gostos, seus desejos e suas necessidades. De outro, os fãs se inspiram no que ele diz e faz. Todos influenciam e são influenciados, em um movimento cíclico que faz com que os dois lados sejam complementares e se retroalimentem.

INFLUENCIADORES ANALÓGICOS

Não existe influência sem influenciador. Como a influência está por aqui desde que o mundo é mundo, o mesmo vale para quem a exerce. Os *digital influencers* dominam a cena atual, mas, antes deles, uma multidão de formadores de opinião desempenhou esse papel. Vamos chamá-los de *influenciadores analógicos*. É o caso de Lady Di, de quem falamos no capítulo anterior.

A forma "analógica" de influenciar vai muito além de uma mensagem que o formador de opinião quer – de caso pensado ou não – passar. Há inúmeras formas de inspirar pessoas no off-line: livros, artes plásticas, cinema, teatro, *shows*, viagens. Antes da internet, as pessoas escreviam cartas para os jornais, pediam música na rádio, ligavam para a emissora de TV. A interação era mais complicada? Sem dúvida. Mas existia e tinha peso entre os produtores de conteúdo.

Para mim, uma referência de influenciador analógico é o Jô Soares. Humorista, escritor, ator, apresentador, diretor de teatro e músico, Jô fez sucesso por onde passou, desde sua estreia na *Praça da Alegria*, nos anos 1950, até o último *Programa do Jô*, em 2016. E continua ativo, mesmo fora da TV e das redes sociais.

Em um artigo que escreveu para a *Folha de S.Paulo*, em 2019, ele se autointitulou "influenciador analógico".[46] De fato, é o que ele é, o que sempre foi. Alguém que continua inspirando pessoas com seus livros, suas peças, seus textos. Em todos os tons, do humor às entrevistas mais sérias. Uma referência no mais amplo dos sentidos.

Tem o outro lado da moeda, o dos "imigrantes digitais", aqueles que conseguiram fazer a transição e encontraram seu lugar ao sol no planeta internet. A cantora e atriz Zezé Motta, de 77 anos, diz que ganha mais dinheiro participando de campanhas on-line do que quando trabalhava na televisão. [47]

Outro veterano das telas, o ator Ary Fontoura, de 87 anos – 72 deles de carreira –, tem mais de 3,2 milhões de seguidores no Instagram (@aryfontoura). Multidão essa que foi conquistada por suas postagens sempre positivas e otimistas. Ele é a prova de que ser influenciador não tem idade. E ser digital, também não.

INFLUENCIADORES VIRTUAIS

Você não precisa ser jovem nem *geek* para ser influenciador digital. Não precisa nem ser gente de verdade. A jovem e encantadora Lil Miquela, fashionista envolvida com causas sociais, é uma influenciadora digital virtual, ou seja, uma personagem criada por computador. Como a nossa Lu, do Magalu, pioneira e maior influenciadora virtual do Instagram.[48] Ou a primeira supermodelo 100% digital, Shudu, influenciadora poderosa no mundo da moda.

Ficou curioso para saber mais sobre os maiores influenciadores virtuais do mundo? Então não deixe de acessar o QR Code ao lado! Lá você vai encontrar a ficha técnica dos *influencers* virtuais mais relevantes do momento. Basta apontar a câmera do celular para o QR Code e aproveitar!

www.economiadainfluencia.com.br

Existem muitas outras (e muitos outros) dessa espécie, como Bermuda, uma das melhores amigas de Miquela, que se dedica a motivar mulheres a trabalhar no campo da robótica (além de ensaiar uma carreira como cantora); Ria, modelo e influenciadora virtual japonesa, que compartilha conteúdos sobre a cultura oriental; e Knox Frost, o maior influenciador virtual masculino no Instagram; para citar alguns.

A taxa de engajamento dos influenciadores virtuais é quase três vezes mais alta que a dos "de verdade", de acordo com o Hype Auditor,[49] plataforma de tecnologia especializada em marketing de influência. Ou seja, os influenciadores virtuais podem fazer as mesmas coisas que os humanos, mas com mais controle e engajamento.

A Lu já extrapolou as fronteiras do Magazine Luiza: participou de eventos da Samsung, fez campanha para Adidas e Zattini, deu o ar da graça no Carnaval, no Tinder e até na *Dança dos Famosos*. Shudu é modelo para campanhas de marcas de luxo como Ferragamo e Christian Louboutin, e Lil Miquela, para Prada e Calvin Klein. Até *selfie* com a Pabllo Vittar ela já tirou.

Essas figuras e suas carreiras, que pouco se diferenciam das de personalidades de carne e osso, abrem um campo inédito de discussão sobre a convivência entre novos e antigos influenciadores, ou entre os analógicos, os digitais e os virtuais. De minha parte, não acredito que exista realmente uma competição entre eles. Há espaço para todos.

Por exemplo, o apresentador Fausto Silva não tem conta em nenhuma rede social, até agora. Com certeza, é um comunicador que inspira milhões de pessoas e tem vínculo com diversas marcas, mas é zero digital. O mesmo se aplica a Jô Soares, que continua influenciando mesmo fora da mídia e sem presença digital nenhuma.

Por fim, todo esse cenário abre espaço para reflexões e questionamentos importantes: poderíamos classificar um Faustão ou um Jô como influenciadores não digitais? E os influenciadores virtuais, não estariam eles perpetuando aqueles padrões de beleza e atitude impossíveis de serem alcançados por gente "de verdade"? São questões para as quais não tenho resposta, mas são relevantes de serem mencionadas nesse espaço a fim de que possamos pensar em conjunto.

O QUE DISTINGUE UM INFLUENCIADOR PROFISSIONAL DE UM AMADOR

Você tem ideia de que 85% dos empregos que vão existir em 2030 – veja bem, daqui a oito anos – nem sequer foram criados ainda? Não é futurismo, foi o que revelou um estudo feito pelo Institute For The

Future para a Dell Technologies sobre o impacto da tecnologia no mercado de trabalho futuro. Participaram da pesquisa 3.800 líderes de negócios de médias e grandes companhias em dezessete países – o Brasil incluso. É gente que sabe o que diz.[50]

85% DOS TRABALHOS EM 2030 SEQUER EXISTEM	**38%** ESTÃO LUTANDO PARA MUDAR A CULTURA DA FORÇA DE TRABALHO
3 EM 4 PESSOAS ACREDITAM QUE A MAIORIA DAS FUNÇÕES DE LIDERANÇA SERÁ PREENCHIDA POR NATIVOS DIGITAIS	**1/2** DE TODOS OS RESPONDENTES NÃO IMAGINA COMO SERÃO OS PRÓXIMOS DEZ A QUINZE ANOS NO RESPECTIVO SETOR

Ironicamente, ainda hoje ouço falarem que influenciador é uma profissão do futuro. Está claro para mim que é uma profissão do presente. Porém, existem influenciadores e influenciadores. É preciso separar aqueles que querem apenas ser famosos dos que fazem dessa atividade seu meio de vida; os amadores dos profissionais.

Não é uma questão de tamanho, mas de atitude. Tenho inúmeros contratos com microinfluenciadores que são extremamente profissionais – têm *media kit* e uma equipe que trabalha na criação dos roteiros e na aprovação dos materiais, que sobem as postagens em dia, trazem novas ideias e entregam relatórios de maneira organizada.

Da mesma forma, existem macroinfluenciadores (e até celebridades) que acham que, por estarem em uma posição vantajosa, têm direito a privilégios ou tratam a negociação de maneia amadora. Acredito que um grande influenciador só "acontece" se conta com uma boa equipe para dar suporte ao seu trabalho. Sem falar que as marcas, pelo volume de dinheiro que investem, esperam uma postura profissional por parte dos contratados.

Por isso mesmo, influenciador que leva o trabalho a sério pode ser considerado um empreendedor. Alguém que negocia, fecha acordos formais, contrata pessoas e profissionaliza o processo de ponta a ponta, desde a parte dos contratos até a entrega final dos relatórios, passando pela produção do conteúdo.

Mas tornar-se um profissional não se resume, nem de longe, a saber lidar com as questões burocráticas e administrativas. Alguns pontos são fundamentais para ser bem-sucedido nesse caminho, como:

- Definir qual é a estratégia a ser seguida;
- Delimitar o território de atuação;
- Identificar temas sobre os quais pode-se falar com propriedade;
- Escolher o tom de voz – por exemplo, se vai adotar uma linguagem na linha do humor ou mais séria;
- Selecionar as plataformas nas quais vai atuar;
- Decidir qual tipo de conteúdo será postado em cada uma delas.

Muitos influenciadores acham que a negociação se encerra no momento em que o contrato é assinado. Na verdade, a maior parte do trabalho começa a partir desse ponto. Não só o administrativo como o de entrega, de produção do conteúdo e toda a parte operacional. É dever do *influencer* entregar o projeto no prazo, seguir os *dos e dont's* (o que deve ou não ser feito) que a marca estabelece no *briefing* e providenciar relatórios pós-campanha, para que o contratante avalie o desempenho da ação.

Por outro lado, o influenciador tem não só direito autoral sobre suas ideias como o direito de produzir conteúdos em formatos que sejam pertinentes à sua audiência. Ele não é obrigado a seguir uma orientação que faça a mensagem parecer forçada, pois tem autonomia sobre seu produto, sua criação, seu tom de voz. São direitos que devem ser respeitados pela marca.

No fim, saber navegar nos seus relacionamentos com as marcas e entender quais funções são de sua responsabilidade e quais expectativas precisam ser alinhadas é o que o diferenciará de *influencers* amadores.

CATEGORIAS

Existem no mercado várias classificações de influenciadores. Não é algo padronizado, por isso as nomenclaturas variam bastante de empresa para empresa. Mas duas categorias são básicas: a que leva em conta o tamanho da base de seguidores e a que divide os perfis de acordo com o tema que cada um aborda.

Tem influenciador de *lifestyle*, de moda, de esporte, de livros, de veganismo... Pense em um assunto e haverá quem fale sobre ele para um grupo de seguidores, grande ou pequeno. São as famosas comunidades (das quais falaremos em outro capítulo). Quem pratica jiu-jitsu segue influenciadores que atuam nesse nicho; os fãs de pôquer vão seguir perfis que falem do jogo. Se a pessoa é *geek*, seu lugar é com os *gamers*, *streamers* e a turma que curte tecnologia.

Vou usar como exemplo o sistema que usamos na MField para desenhar a jornada de influenciadores. É uma metodologia para escolher o tipo de influenciador de acordo com os objetivos da marca. Na linha abaixo do símbolo do infinito, colocamos as categorias – que aqui dividimos em celebridades, macro e nativos digitais; mid *influencers*; micro e nano *influencers*; influenciadores engajados; embaixadores e *brand lovers*.

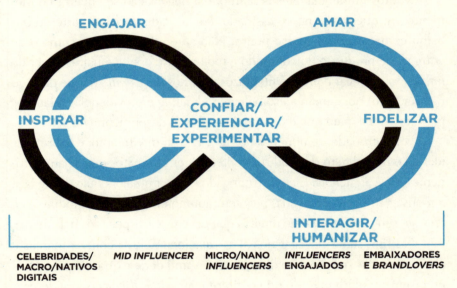

Celebridades, macro e nativos digitais são perfis grandes e famosos; mid *influencers*, ou influenciadores médios, são classificados pelos números de audiência, bem como os micro e nano. Engajados é uma categoria que leva em conta o nível de engajamento em relação a um tema específico, seja qual for o tamanho da base. Por fim, temos os embaixadores e os *brand lovers*, que são fãs de certos produtos ou serviços e que têm poder de influenciar o ato de consumo de seus seguidores.

Cada perfil é indicado para diferentes tipos de campanha ou ação. É possível medir os KPIs (do inglês, *key performance indicator*, ou indicador-chave de desempenho) específicos para cada uma dessas categorias, desde os números alcançados nas redes sociais até o tipo de conteúdo criado, passando pelo impacto gerado dentro das comunidades.

Todos são considerados influenciadores, independentemente do tamanho da audiência. O mercado tem trabalhado bastante no sentido de criar comunidades por meio da aproximação com microinfluenciadores, que costumam ser muito respeitados por seus seguidores. As taxas de engajamento e conversão dos micro costumam ser muito maiores que as dos macro.

Quem trabalha com redes sociais já aprendeu que, quanto maior o número de seguidores, menor o percentual de engajamento e de conversão, justamente por causa do tamanho das comunidades. Porém, não se pode negar que o valor dos cachês e o nível das propostas comerciais estão diretamente ligados ao volume de seguidores. É o preço do sucesso.

EXISTE INFLUENCIADOR ORGÂNICO?

Existe. São todos. Orgânico não é uma categoria, como micros, macros, celebridades. Trata-se, na verdade, de um formato de entrega de conteúdo. Lembra-se da influência orgânica de que falamos anteriormente? Pois é isso. Todos os influenciadores não só podem como devem fazer conteúdos orgânicos, para que suas redes não virem apenas uma grande vitrine.

Se orgânico é formato, e não categoria, então há vários aspectos que podem ser trabalhados. Vamos ver alguns exemplos:

- Influenciadores e formadores de opinião que consomem algum produto ou serviço e querem indicar porque gostam daquilo ou porque tiveram uma boa experiência com a marca. Camila Coutinho, pioneira no universo de blogs e que se tornou uma superempresária, sempre indica produtos que consome, livros que gostou de ler, hotéis nos quais teve boa experiência – e faz questão de enfatizar que não é #publi. A influenciadora, que já virou estudo de caso na FGV, hoje tem a própria linha de produtos para cabelos e uma comunidade extremamente engajada;

- Influenciadores que publicam conteúdo orgânico para chamar a atenção de marcas. Imagine um post despretensioso dizendo algo como "que bom que chegou o verão, vou andar de chinelo o dia inteiro" e marcando a @ de uma marca conhecida. Se o post tiver boa repercussão, é bem provável que o anunciante entre em contato para conversar sobre uma comunicação paga;
- Marcas que buscam gatilhos para incentivar influenciadores a criarem conteúdo orgânico. Por exemplo, se uma empresa que vende porcelanato descobre que um influenciador está construindo ou reformando a casa, pode aproveitar a ocasião para se apresentar e até oferecer o produto gratuitamente. Conheço um caso assim, em que o influenciador não criou nada, nem citou a marca, mas que posta tantas fotos da própria casa que já garante uma bela exposição do piso nas redes sociais;
- Os "recebidos", enviados gratuitamente na esperança de que o presenteado comente aquilo em suas redes. A coisa tomou uma proporção tão grande que acabou gerando uma sequência de erros, com marcas enviando salsichas para quem não come carne e sapatos de salto número 35 para pessoas que só usam tênis 42. A própria Camila Coutinho, que citei há pouco, fez um post sobre isso,[51] pedindo às marcas que parassem de enviar coisas ou que, pelo menos, entrassem em contato previamente, para não desperdiçarem recursos que poderiam ser mais bem utilizados.

> "Ganho mais [*coisas que compro*]. Inclusive acho que tenho ganhado demais, não só eu, o mundo de influenciadores. Os recebidos têm que ser mais cirúrgicos no sentido de as marcas escolherem o que estão mandando e para quem. Não vou dizer a marca, mas não me mandem coisas sem me falar. É um gasto de tempo, dinheiro, energia de todos os sentidos, é antiecológico. Tem que me falar: 'Quer isso, de que cor?'. Manda certeiro."
>
> **Camila Coutinho, no Instagram**

É muito comum que uma postagem orgânica evolua para uma relação comercial, mas não quer dizer que isso aconteça sempre. Às vezes, a relação criada entre marca e influenciador fica apenas no nível do relacionamento. E tudo bem ser assim. Nem tudo é negócio.

A esse respeito, tem um episódio que acho muito ilustrativo, envolvendo a atriz e apresentadora Tatá Werneck e a marca de enxoval para bebês Grão de Gente.[52] Tatá postou um conteúdo, 100% orgânico, sobre uma família humilde que precisava reformar o quarto das crianças para a chegada de um novo filho. No Twitter, ela marcou a empresa sugerindo que eles fizessem o quarto e se comprometendo a divulgar a loja. É claro que a Grão de Gente topou, a *influencer* fez a parte dela (inclusive, repetindo a ação para ajudar outras famílias) e todos ficaram felizes. Sem que nem um real trocasse de mãos.

Obviamente, há casos em que a paquera vira um compromisso mais sério. Como o do cantor Gusttavo Lima, que vira e mexe aparecia bebendo uma Bohemia em suas *lives*. A cervejaria não só construiu um bar na casa do artista como fez dele embaixador da marca. Paixão e dinheiro juntos, quem não quer?

Em meio a tantas possibilidades, a certeza que tenho é de que a produção de conteúdo orgânico nunca vai acabar, pois é um processo natural. Boas campanhas pagas podem começar a partir de conteúdos orgânicos. Vejo isso como um trunfo do marketing de influência, tanto do ponto de vista do influenciador quanto da marca. Do influenciador, por ter o *insight* de postar; e da marca, por entrar na conversa e tentar evoluir para um conteúdo pago.

COM QUANTOS SEGUIDORES SE FAZ UM *INFLUENCER*

Nesse ponto, quero ser categórico: o tamanho da audiência não determina quem é influenciador ou não. Já falamos outras vezes que todo mundo exerce algum tipo de influência sobre as pessoas à sua volta, certo? Cada um impacta a audiência de algum modo, não importa se são mil seguidores ou 1 milhão.

Mas a realidade é que um influenciador que se considera profissional começa a ganhar destaque quando consegue preencher vários critérios. É preciso ter audiência relevante, bom engajamento, muito conteúdo, frequência nas postagens e, principalmente, um propósito.

Fora todos esses pontos, é claro que os influenciadores começam a fazer dinheiro – ou a conseguir ganhar a vida com essa atividade – quando têm números expressivos. De fato, quanto maior o alcance, maiores os cachês e as chances de a pessoa ser considerada um influenciador profissional.

Os números são consequência quando você trabalha e planeja sua estratégia digital, visando os critérios citados acima: é difícil um influenciador chegar longe sem propósito, ou ter uma audiência relevante se o conteúdo é 100% estratégia de atração de seguidores e 0% alinhado com a audiência.

É exatamente sobre como construir a sua narrativa da maneira certa para impactar a sua audiência que vou falar a seguir.

STORYTELLERS, OS CONTADORES DE HISTÓRIAS

Um acidente de trânsito banal. Mesmo acontecimento. Quatro pontos de vista.

Cena: Cruzamento de duas grandes avenidas. Uma SUV "ensanduichada" entre um carro de passeio e um ônibus. Os motoristas do automóvel e do ônibus aguardam a chegada da polícia. Nesse meio-tempo, chega um amigo do dono do carro.

MOTORISTA DO CARRO DE PASSEIO (PARA O AMIGO)

"Peguei o acesso da avenida X para a avenida Y, mas topei com um cara manobrando de ré para sair do estacionamento. Precisei parar porque ele estava bloqueando o caminho quando, de repente, ouvi um estrondo e fui jogado para frente. Levei o maior susto e, quando olhei para trás, vi a SUV. Já saí do carro praguejando quando percebi que a mulher do lado do passageiro estava com a cabeça sangrando. O casal pegou um táxi e sumiu. Só depois vi que um ônibus bateu atrás do carro deles. Acho que foi o cobrador quem chamou a polícia."

MOTORISTA DO ÔNIBUS (PARA O POLICIAL)

"Eu vinha pela direita, que é a pista dos ônibus. O semáforo estava aberto e nenhum passageiro quis subir ou descer no ponto, então segui em frente. De repente, a SUV que estava na minha frente parou. Ainda tentei desviar, mas o para-choque pegou de leve na traseira dele. Só que é um ônibus, né? A batida acabou empurrando a SUV e ela foi para cima do carro da frente. O rapaz da SUV ainda me xingou, depois saiu correndo para socorrer a moça que estava com ele, e até agora não voltou".

AMIGO DO MOTORISTA DO CARRO DE PASSEIO (FALANDO AO CELULAR)

"Avisa para o pessoal que pode pedir mais uma rodada de cerveja porque a coisa aqui, pelo jeito, vai demorar. Um cara bateu no carro dele, sumiu e agora a polícia chegou para ver o que aconteceu. Tem um ônibus metido no rolo, também. Quando a gente chegar no bar, eu explico toda a história."

MOTORISTA DA SUV

"Não sei por que cargas d'água o carro da frente parou no meio do acesso, por isso, precisei parar também. Foi o tempo de eu pisar no freio e já sentimos um choque forte vindo de trás, seguido de um barulho de metal contra metal na frente. Fiquei meio atordoado e, quando olhei para o lado, vi que a minha namorada estava quase desmaiada, com um corte na testa. Parei um táxi, tirei ela do carro e levei para um hospital do outro lado da cidade, porque meu irmão é médico lá. Por isso demorei para voltar. Deixei ela em casa e agora quero saber quem vai pagar meu prejuízo!"

MOTORISTA DO CARRO QUE CAUSOU TODA A CONFUSÃO

Não disse nada porque foi embora e nem viu o que aconteceu.

Minha intenção, ao dar toda essa volta, é mostrar a importância, para a narrativa, de quem conta a história. Porque toda narrativa é uma história, e toda história precisa ser contada por uma pessoa – o contador, ou *storyteller*.

As histórias só existem porque existem bons contadores. Uma narrativa pode ser boa por si só. Agora, se for narrada por um bom contador, ela ganha uma proporção muito maior. E o influenciador, como intermediador da narrativa, é, em certo sentido, um contador de histórias.

Puxando a conversa para o nosso lado: se a marca manda um *briefing* muito bom e o influenciador não consegue colocar o seu "tempero", o que fica é uma boa história que poderia ser contada por qualquer pessoa. As histórias que se destacam são aquelas em que o influenciador consegue colocar suas gírias, suas brincadeiras, enfim, sua personalidade.

Um ponto que me enche de curiosidade é se a arte de contar histórias é algo que pode ser desenvolvido ou se é um talento natural. Não sei a resposta; o que sei é que, para ser um bom *storyteller*, é preciso ter experiência, repertório, bagagem de vida. Seja por vivência própria, seja por ter escutado as histórias de um professor, de um padre, de um tio que está em todas as reuniões de família. Saber ouvir é importante para se tornar um bom narrador.

A formação e a experiência de vida individual, suas crenças e referências, interferem diretamente na história, desde a definição sobre o que vai ser contado até o formato da narrativa. No nosso exemplo do acidente de trânsito, o cobrador do ônibus poderia ter dado a sua versão começando pelo fim: "Batemos em um carro que acabou batendo no da frente e machucou uma pessoa, que foi levada ao hospital". Simples e direto, mas continua sendo a mesma história.

Storytellers, portanto, são pessoas que contam histórias – ou seja, todos nós. Nessa era de hiperdigitalização em que vivemos, os influenciadores são os contadores que criam histórias para as marcas. Minha equipe usa internamente a técnica de narrativa de aproximação, algo que muitos *influencers* já fazem intuitivamente. Consiste em se aproximar do público de maneira leve e descontraída, produzindo materiais que gerem empatia e identificação. A ideia é mostrar que o influenciador é "gente como a gente", tão acessível quanto aqueles que o seguem.

O conteúdo parece muito espontâneo, mas o que ninguém vê é o trabalho que dá chegar a esse resultado. Estudamos a fundo a audiência, a história, o contexto, a mensagem e a melhor forma de transmiti-la. Tudo para gerar aproximação e empatia entre a narrativa e o público, com originalidade e talento.

O grande responsável por fazer a mágica acontecer é quem está contando a história. Quando o *storyteller* (ou, neste caso, o influenciador) consegue se aproximar da audiência, fazer com que as pessoas sintam que o conhecem e o considerem como amigo, o nível de engajamento é muito maior. Isso é um dos principais ingredientes, não só para gerar empatia como para garantir a originalidade do conteúdo.

Whindersson Nunes é uma figura que tem em si esse poder. Ele conduz a conversa de maneira leve e espontânea, e cria um ambiente que se parece com uma roda de amigos, o que gera muito engajamento em suas postagens. O negócio é entender o que as pessoas gostam de ouvir e criar uma conexão que faça com que os seguidores se tornem parte da vivência do contador – e que, assim, embarquem alegremente na história.

EMBAIXADORES E GAROTOS-PROPAGANDA

Você pode nunca ter ouvido falar da modelo e dançarina Aline Riscado, mas com certeza já a viu nos comerciais da cerveja Itaipava. É aquela mulher linda, simpática e que todos chamam de Verão – um trocadilho com o nome da personagem, Vera, e a estação mais quente do ano. Ela atuava para a marca não como influenciadora, mas como garota-propaganda.

Alguns garotos-propaganda fizeram história na publicidade brasileira. O mais célebre talvez seja Carlos Moreno, que representou o "garoto-Bombril" por 35 anos no total (com algumas interrupções). Outro personagem inesquecível é o *showman* Sebastian, com seu "abuse e use C&A" – pelo qual ainda é reconhecido, mais de vinte anos após o fim da parceria com a loja. Mais recentemente, tivemos Fabiano Augusto perguntando "quer pagar quanto?" em mais de 3 mil comerciais das Casas Bahia.

Aline, Carlos, Sebastian e Fabiano foram a cara das marcas que representaram, mas apenas isso. Figuras carismáticas que estrelaram campanhas memoráveis e criaram um laço afetivo com o público. Surgiram e floresceram na mídia de massa,

CAPÍTULO 5

especialmente na televisão, mas nunca foram influenciadores, nem representaram os valores da marca.

Nos últimos dez anos, a comunicação de marketing vem promovendo uma espécie de transição – pode chamar de evolução, se quiser – da figura do garoto-propaganda para a do embaixador. Mais do que representar princípios e valores da marca, ele empresta sua credibilidade pessoal para ela. O embaixador tem a responsabilidade de transmitir uma mensagem mais consistente do que a simples propaganda. Algo que vai além de estampar o rosto em uma campanha na mídia.

Marcas buscam embaixadores que compartilhem seus princípios para que eles ajudem a construir a reputação daquele produto junto ao público. Eles se diferenciam dos influenciadores por serem formadores de opinião realmente afinados com a essência da marca que representam. Por isso mesmo, as relações estabelecidas entre as partes costumam ser de médio e longo prazo.

Tanto garotos e garotas-propaganda quanto embaixadores são produtos criados pela mídia de massa – leia-se: televisão. Os primeiros são o rosto do conteúdo e os segundos, propagadores do conteúdo. No dia a dia, eles emprestam credibilidade para a marca, ao mesmo tempo que se beneficiam do prestígio conquistado por estarem associados a ela.

Quer ver a diferença? Xuxa Meneghel foi, por muitos anos, a imagem da Monange. Nos comerciais, ela aparecia usando os produtos e garantia que só usava os hidratantes da marca. Eram propagandas extremamente bem-feitas, mas muita gente não acreditava que aquela grande estrela da TV realmente usasse uma marca popular de cosmético.

Já Zeca Pagodinho é conhecido por ser *brahmeiro* raiz. A identificação do artista com a cerveja é tal que, no Carnaval de 2020, a marca produziu uma estátua do cantor (na posição do famoso meme de Zeca, com a mão direita no alto fazendo sinal de positivo e a esquerda segurando um copo) que circulou pelos blocos de rua do Rio de Janeiro. [53]

Creio que, a essa altura, já ficou clara a diferença entre embaixador, garoto-propaganda e *influencer*. Mas não resisto a contar uma passagem envolvendo Zeca Pagodinho, Brahma e Nova Schin. Em 2004, a agência que atendia a conta da cerveja da Schincariol conseguiu convencer o artista a "mudar de lado".[54] O *slogan* da campanha era "Experimenta!" – e nada melhor do que mostrar um reconhecido fã de outra marca experimentando a Nova Schin.

Não durou muito. Depois que o primeiro comercial de Zeca com a concorrente foi ao ar, o pessoal da Brahma moveu mundos e fundos e conseguiu integrá-lo de volta. Para provocar, o genial Nizan Guanaes criou um sambinha que serviu de trilha para o comercial da volta do "filho pródigo", veiculado em pleno intervalo comercial do *Jornal Nacional*. A letra dizia que tudo não havia passado de uma paixão de verão e que ele havia voltado para o seu grande amor. O resultado foi uma confusão dos diabos, que se arrastou na justiça por dez anos e resultou em multa por quebra de contrato. O caso entrou para a história da publicidade brasileira, e Zeca e Brahma continuam juntos e felizes até hoje.

CAPÍTULO 6

COMUNIDADES: É IMPOSSÍVEL SER FELIZ SOZINHO

EM ALGUM LUGAR DA INTERNET HÁ UM GRUPO PERFEITO PARA VOCÊ	**101**
COMUNIDADES DE MARCA	**103**
DEFENSORES E *BRAND LOVERS*	**105**
COMO FORMAR COMUNIDADES DE MARCA NAS REDES SOCIAIS?	**108**
MAS QUAL É O PAPEL DOS INFLUENCIADORES NESSA HISTÓRIA?	**110**
AMBIENTES TÓXICOS	**111**

Quando você ouve o termo "comunidade", qual é a primeira ideia que vem à sua mente? O lugar em que mora? A turma que trabalha na sua empresa? Uma aldeia indígena? Uma vila de casinhas perdida no meio da metrópole? Um segmento da sociedade, como a comunidade acadêmica? Seus grupos no Facebook, no WhatsApp, no seu *game* preferido? As comunidades do finado Orkut?

Se tiver pensado em qualquer um desses exemplos, você está certo. Se pensou em algo diferente, também está. Comunidade é tudo isso – uma localidade, um grupo, uma categoria profissional, uma turma de amigos – e mais. O termo remete à ideia de pessoas que compartilham algo em comum – a localização, o trabalho, a série favorita ou qualquer outra coisa.

Por mais esquisito que seja o assunto, sempre haverá comunidades em torno dele. O mais comum é elas se formarem a partir de um tema, como esportes radicais, pais de primeira viagem ou apaixonados por origami.

Também é normal encontrar, dentro da comunidade, um ou mais membros que se destaquem e exerçam certa influência no grupo.

Vamos pegar como exemplo o *beach tennis*. É um esporte praticado há mais de dez anos no Brasil, mas que ganhou impulso com a pandemia, pois é um jogo em que não há contato físico e as quadras são ao ar livre. O número de praticantes cresceu rapidamente, chegando a mais de 200 mil no começo de 2021, segundo a Confederação Brasileira de Beach Tennis.[55] Alguns atletas começaram a se destacar nos ambientes digitais dedicados ao esporte, como Joana Cortez e Vinícius Font, que estão entre os melhores do mundo na modalidade.

Nesse caso, a comunidade se formou em torno do esporte, mais do que dos indivíduos. No entanto, é frequente que as duas coisas aconteçam em paralelo, pois as pessoas começam a identificar participantes que se destacam no assunto, com os quais têm afinidade, e a segui-los também. Mesmo quando encontram membros de quem não gostam, elas continuam a fazer parte do grupo porque sentem que aquela é a sua turma. Comunidades não têm dono, são de todos que estão nelas.

Nesse ponto, acho importante deixar clara a diferença entre *fãs* e *membros de comunidades*, para não haver confusão.

**Se você tem fãs, tem uma comunidade?
Não necessariamente.**

Fãs são admiradores, gente que tem em comum a paixão por algo ou alguém – de um time de futebol a uma estrela da música sertaneja, por exemplo. Já a comunidade não precisa estar ligada a uma personalidade. Pode ser a um estilo de vida, um esporte, um propósito. As possibilidades são infinitas.

Essas definições fazem muito sentido quando aplicadas ao marketing de influência. Fãs são pessoas que amam o que o influenciador publica, elogiam suas postagens, comentam, compartilham. Eles podem até comprar alguma coisa do ídolo – uma música, uma roupa, um serviço. Mas o fato de esses admiradores seguirem a pessoa nas redes sociais e consumirem seus conteúdos e produtos não faz deles uma comunidade.

Comunidade é aquela em que o influenciador se comunica e interage com o público. Não superficialmente, com um aceno de cabeça ou um tchauzinho de longe, e sim por meio de uma interação real – ouvindo, respondendo, prestando atenção ao que agrada ou desagrada os seguidores, atendendo aos desejos e às necessidades deles. A interação permite entender o que faz sentido para aquele grupo e, assim, moldar ações que farão com que ele se mantenha unido e forte.

A comunidade digital, principalmente, exige muito envolvimento, troca, interatividade. É uma relação mais próxima até do que a dos admiradores em relação ao ídolo. Estamos falando de uma ligação profunda, maior do que a simples presença de pessoas no mesmo espaço (virtual). E isso, tanto para os influenciadores quanto para as marcas, faz toda a diferença. As comunidades podem crescer e virar movimentos, os movimentos podem crescer e virar tendências sociais, e esse ecossistema cíclico sempre terá influenciadores à frente ou pertencentes a esse discurso.

EM ALGUM LUGAR DA INTERNET HÁ UM GRUPO PERFEITO PARA VOCÊ

Sendo o ser humano uma espécie que, por natureza, prefere viver em grupo, nem é preciso dizer que a reunião de pessoas em comunidades é a base da nossa sociedade. Especialistas de vários ramos da ciência vêm estudando isso há décadas. Mas nosso foco aqui são as comunidades on-line, e elas existem desde antes do surgimento dos Twitters e TikToks da vida. Há mais de vinte anos, sites como Geocities e Friendster já davam os primeiros passos para a criação das redes sociais tais como as conhecemos hoje.

Em 2004, veio o Orkut para alegria dos brasileiros, que formaram enormes comunidades on-line. Infelizmente, o site foi atropelado pelo Facebook e morreu bem quando as redes sociais decolaram, de 2010 em diante. O próprio Facebook passou a incentivar a formação de comunidades, criando ferramentas para facilitar a administração e o acompanhamento de grupos, coletar informações sobre a audiência e até moderar comentários. E isso é realmente necessário: no segundo semestre de 2020, mais de 1,8 bilhão de pessoas faziam parte de alguma comunidade no Facebook.[56] Monitorar essa multidão sem sistemas automatizados seria impossível.

Dentro das redes sociais, a função das comunidades é reunir pessoas que compartilham um interesse em comum. Quanto mais gente falando sobre um assunto, maior a comunidade será, mais debates acontecerão e mais entrosado com o grupo você ficará. É aquela sensação incrível de pertencimento, da qual já falamos algumas vezes nos últimos capítulos.

A formação de comunidades on-line tem tudo a ver com conexão, ou melhor, com o tempo e a qualidade das interações entre indivíduos no ambiente digital. Quanto mais conectada a pessoa está, mais ela busca com quem compartilhar experiências, opiniões, preferências ou hábitos de consumo. Como todo mundo, você procura pela sua turma. E vai achar, pode ter certeza.

Como eu sei disso? Porque mais da metade da população do planeta está em alguma rede social – 53%, para ser mais exato. No início de 2021, isso era o equivalente a 4,2 bilhões de pessoas, de acordo com estudo global da HootSuite e da We Are Social.[57] Essa mesma pesquisa revelou que, no ano em que a covid-19 pegou o mundo de surpresa e obrigou as pessoas a ficarem em casa, quase meio bilhão de seres humanos entraram na roda das redes sociais. Em meio a tanta gente, é praticamente impossível não encontrar quem vibre na mesma frequência de onda que a sua.

Graças às redes sociais, até a distância entre as pessoas diminuiu. Você já ouviu falar dos seis graus de separação? É uma teoria segundo a qual são necessários, no máximo, seis laços de amizade, ou conexões, para que duas pessoas, de qualquer parte do mundo, estejam ligadas.

Vamos supor que seu primo conheça o CEO da empresa em que ele trabalha, que conhece o dono da Amazon. Nesse caso, você está a três graus de separação do homem mais rico do mundo. O número mágico de seis conexões foi obtido por meio de uma pesquisa feita nos anos 1960.[58] Em 2016, o Facebook repetiu o experimento e concluiu que os graus de separação entre duas pessoas tinham caído para 3,5 a 4,5.[59] Viramos, verdadeiramente, uma aldeia global.

> Vamos colocar o que falei até agora sobre comunidade à prova? Pesquise nas redes sociais as comunidades mais improváveis que você imaginar e anote aqui o que encontrar. Aposto que encontrará algum canto da internet dedicado ao que você procurou!
>
> NOME DA COMUNIDADE _____
> EXISTE? ☐ SIM   ☐ NÃO

COMUNIDADES DE MARCA

Acredito muito na formação de comunidades em torno de marcas. Elas proporcionam aos consumidores/clientes/fãs/defensores a sensação de pertencimento de que todo ser humano precisa – ou seja, a pessoa se sente membro daquele grupo reunido em torno de uma marca que ela admira, consome, recomenda. Além de fazer com que os participantes se relacionem entre si, a comunidade é capaz de intensificar o sentimento de afeto em relação à marca, chegando a transformar uma parte deles em *brand lovers*.

A venda pode ser o objetivo final, mas a fidelização de uma comunidade não está, necessariamente, vinculada ao consumo. Pense em uma marca como a Harley-Davidson: pouca gente tem dinheiro para comprar uma de suas motocicletas, mas milhões de fãs abraçam seus valores e ficam felizes em usar uma camiseta ou uma jaqueta com o emblema preto, branco e laranja da HD.

Na verdade, o caminho é esse: a venda acontece quando se estabelece uma ligação significativa entre as duas partes. As pessoas não querem ser pressionadas dentro de uma comunidade, elas querem ser impressionadas. Ou, como diz o especialista Jeffrey Gitomer, considerado uma das maiores autoridades em vendas do mundo, as pessoas adoram comprar, só não gostam que vendam para elas.

> "As pessoas não gostam que você venda para elas. Mas lembre-se de que elas adoram comprar."[60]
>
> Jeffrey Gitomer

É nisso que se resume o marketing de comunidade: uma estratégia para aproximar o público da empresa tanto no ambiente digital – por meio das redes sociais, por exemplo – quanto no real – via eventos, atividades, boas experiências no ponto de venda. A vantagem para a marca é aprofundar seu conhecimento sobre os consumidores e, com isso, aperfeiçoar seus produtos, seus serviços e sua comunicação.

O caso da Starbucks é uma referência inescapável, não só pelo sucesso da estratégia como pelo pioneirismo. Em 2008, a empresa vinha passando por maus momentos, até que decidiu apostar em tecnologia e inovação para dar a volta por cima. Uma coisa que o então CEO, Howard Schultz, sabia com certeza é que a Starbucks não era para quem só queria tomar uma bebida quentinha e barata mas sim para pessoas apaixonadas por café.

E o que essas pessoas queriam? O melhor jeito de saber era perguntando. Assim surgiu o My Starbucks Idea, um espaço para os clientes trocarem ideias e mandarem sugestões. A iniciativa levou cerca de 1,3 milhão de usuários a interagirem nas redes sociais, totalizando 93 mil sugestões enviadas, das quais uma centena chegou a ser implementada.[61]

A porteira estava aberta e a marca, que tinha boa presença no digital, incentivou os clientes a se reunirem em grupos, como os "amantes do *frappucino*" ou o "grupo do leite de soja". Assim, mais do que ser uma ponte entre pessoas com o mesmo gosto e estabelecer conversas entre os consumidores, a Starbucks mostrou aos clientes que estava ouvindo o que eles tinham a dizer.

Na mesma linha, a empresa criou aplicativos para fidelizar a comunidade on-line e atrair novos clientes, como *apps* de localização de lojas, de informações e de recompensas. Não se pode dizer que foram só as comunidades que fizeram da Starbucks o que ela é hoje, mas a empresa jamais teria chegado aonde chegou sem elas.

DEFENSORES E *BRAND LOVERS*

Já falamos dos *brand lovers*, mas não tem como discutir comunidade de marca sem voltar a esse assunto. Ser apaixonado por uma marca (como os *applemaníacos*, os *nintenders* ou as *melisseiras*) é criar um vínculo emocional, propagar a marca, defendê-la, influenciar pessoas em favor dela e, principalmente, fazer parte de um grupo que compartilha esses mesmos sentimentos e valores. Nesse contexto, a compra é só uma parte da relação maior que se estabelece entre uma marca e sua comunidade.

Você certamente já viu conhecidos seus declarando amor por uma marca nas redes sociais. Ou, no mínimo, contando uma experiência positiva que nem precisa ser de consumo. Os *brand lovers* usam a própria voz para advogar pela marca. Muito mais do que uma publicidade gratuita, são pessoas de verdade se colocando publicamente em favor de algo em que acreditam.

É o caso da Netflix, uma das *top 10* marcas mais amadas dos latino-americanos, de acordo com o *ranking* da Interbrands. Só no Brasil, milhões de seguidores no Facebook, 27 milhões no Instagram e 15 milhões no Twitter. Mesmo quem não é assinante fica sabendo dos lançamentos, dos títulos que fazem mais sucesso, dos protestos (intensos) quando uma série é cancelada ou sai do catálogo.[62]

A interação nas redes sociais é frequente e marcante – tanto que os concorrentes copiam ostensivamente o tom de voz da Netflix. Um exemplo perfeito e lapidado do que é uma comunidade de marca e de seu poder de influência quando a coisa é bem-feita.

> **LOVE BRANDS 2021 – AS MARCAS MAIS AMADAS DA AMÉRICA LATINA**
>
> 1º Natura
> 2º Nike
> 3º Lego
> 4º McDonald's
> 5º Apple
> 6º Netflix
> 7º Rappi
> 8º Spotify
> 9º Google
> 10º Mercado Livre

A estratégia de *brand lovers* funciona bem para as gigantes, mas pode funcionar ainda melhor para marcas pequenas e médias, desde que elas consigam estreitar laços com seus admiradores. O processo é o mesmo nos dois casos: escutar os clientes, pedir que falem das suas necessidades, que opinem e compartilhem a experiência que tiveram com a marca. Com essas informações em mãos, é hora de traçar uma estratégia para conquistar os primeiros dez *brand lovers*, depois cinquenta, cem, mil. Acertando a mão, você conseguirá construir uma comunidade fiel e engajada.

Um grande caso de sucesso dessa estratégia é o Desinchá, uma das marcas de chá mais vendidas do Brasil e que vem ganhando espaço no mercado norte-americano desde que foi escolhida pela Amazon como destaque da categoria.[63] O Desinchá foi lançado em 2017, por Lohran Schmidt e Eduardo Vanzak, dois empreendedores que, após muita pesquisa, desenvolveram um ótimo produto, mas que ninguém conhecia.

Quando a primeira venda foi realizada no site da empresa, a expectativa da dupla era tão grande que eles mandaram a encomenda de Uber black e o produto chegou na casa da cliente em apenas duas horas. Ela ficou tão encantada que postou nada menos que dez *stories*, atraindo cinco novos clientes. Nesse momento, o Desinchá ganhava sua primeira *brand lover*.[64]

Foi aí que os fundadores tiveram um belo *insight*: viram que a recomendação autêntica, ou, como vimos antes, o conteúdo orgânico, seria um instrumento poderoso de divulgação. Fizeram, então, uma lista de influenciadores conhecidos por seus hábitos saudáveis e foram à luta.

Celebridades como Gabriela Pugliesi, Bella Falconi e Bruna Marquezine foram convidadas a experimentar o Desinchá. Elas gostaram e postaram, espontaneamente. Foi o que bastou para as vendas deslancharem. Esses primeiros consumidores levaram o nome do produto para outras pessoas e o negócio foi crescendo.

Baseada em conceitos como saúde, sabor e qualidade, a marca conseguiu formar uma comunidade forte e engajada, que publica mais de 2 mil posts por dia no Instagram e, de quebra, tornou-se referência em marketing de comunidade para outras marcas.

OS CINCO MANDAMENTOS DAS *LOVE BRANDS*

1. **Experiência:** cuidar de todos os detalhes da interação da marca com o cliente, de ponta a ponta;
2. **Emoção:** despertar o interesse de maneira divertida e deixar as pessoas felizes em consumir o produto ou serviço;
3. **Engajamento:** é o que faz as pessoas defenderem a marca a qualquer custo (no caso, de graça);
4. **Propósito:** reunir pessoas que compartilham das mesmas visões em torno da marca;
5. **Manutenção:** apresentar ótimo desempenho para manter as pessoas próximas e continuar sendo amada.

Alguns especialistas argumentam que o marketing de defensores é uma evolução dos *brand lovers* e do marketing de relacionamento. Verdade ou não, o que interessa é que essa estratégia não só pode como deve estar casada com o marketing de influência. A ideia é fazer com que o maior número possível de pessoas, dentro de uma comunidade, se sinta acolhido ou representado. Quando isso acontece, elas passam a defender a marca e a propagar a experiência positiva, uma das principais funções dos *brand lovers*.

A Sallve, marca de cosméticos da empresária Julia Petit, por exemplo, faz isso muito bem. A empresa criou sua linha de produtos baseada nas informações coletadas dos consumidores, e essa mesma estratégia foi usada na sua divulgação, com os próprios clientes criando conteúdo para as redes da marca.

E engana-se quem pensa que o grupo de defensores de uma marca é formado apenas pelo seu público consumidor. Temos, por exemplo, os parceiros, os fornecedores e os colaboradores. Para estes últimos, existe até um termo específico: *employee advocate*. São aqueles funcionários que vestem a camisa e divulgam a marca para a qual trabalham em seus círculos de relacionamento.

Por fim, temos os entusiastas, aqueles que defendem com paixão uma marca sem necessariamente tê-la consumido ou vivido uma experiência com ela. São pessoas que acreditam nos valores que ela transmite e que, de bom grado, se tornam seus promotores.

É o caso da Ferrari: assim como no *case* da Harley-Davidson, pouca gente tem dinheiro suficiente para comprar um carro da marca, mas isso não impede milhões de torcerem por ela. Esse pessoal mata a fome de consumo comprando bonés, jaquetas e todo tipo de artigo que tenha o símbolo da montadora italiana. Eles são tão membros da comunidade quanto os donos de uma daquelas máquinas incríveis, ainda que possuam apenas uma miniatura.

COMO FORMAR COMUNIDADES DE MARCA NAS REDES SOCIAIS?

Essa é a pergunta do milhão. Construir comunidades é uma das melhores formas de fidelizar as pessoas que consumiram ou tiveram experiências positivas com a empresa. Mais que isso, são pessoas propensas a falar bem da marca para a família, amigos, vizinhos, colegas e seguidores, desempenhando um papel de influenciador na sua rede de relacionamentos.

Como mencionei agora há pouco, basear a estratégia só em vendas não vai resultar na formação de uma comunidade. Afinal, como disse Gitomer, as pessoas não gostam que as marcas só vendam para elas. Para usar um exemplo prático, vamos pensar em uma loja de roupas esportivas.

Se os canais de comunicação só veiculam preços e produtos, o consumidor vai entrar, comprar, sair e, possivelmente, nunca mais voltar.

Agora, se no site e nas redes sociais da loja o cliente em potencial encontra informações de interesse para quem pratica esportes, ele será tentado a ficar por mais tempo no canal e a voltar sempre que precisar de um produto, um serviço ou apenas de uma dica.

Conteúdos do tipo "melhores tecidos para confeccionar roupas esportivas", "o modelo ideal de tênis para corrida", "cinco parques para realizar atividades físicas", por exemplo, atraem o pessoal *fitness* e aproxima essa turma daquela comunidade digital, mesmo que não haja intenção de compra (ainda).

É fazendo pesquisas para saber do que o público gosta e usando a criatividade que mais conteúdo de interesse será produzido e mais autoridade a marca (nesse caso, uma loja) ganhará sobre o grupo. Quando se tem autoridade e confiança dentro de uma comunidade, as vendas acontecem.

Os profissionais de marketing se apropriaram desses conceitos, entenderam o potencial das relações de grupo e como isso move hábitos de consumo e estilo de vida, e desenvolveram a teoria do marketing de comunidade. Ela pode ser resumida nos três Cs necessários para a construção de uma comunidade: captação, capacitação e conversão.

- **Captação:** primeiro é preciso atrair a audiência desejada, traçando um perfil de quem são essas pessoas, do que gostam, o que consomem, como se comunicam. Com base nesses dados, você pode abrir um diálogo produzindo conteúdo adequado e relevante para esse público. Afinal, a ideia é que ele atraia ainda mais pessoas para o grupo;
- **Capacitação:** é feita por meio dos conteúdos, que podem ser *e-books*, infográficos, vídeos etc. Eles vão ensinar mais sobre o tema de interesse da comunidade. Além de informar, você vai ensinar às pessoas como funciona seu produto ou serviço. Elas podem até descobrir novos usos ou funcionalidades nos quais nem os criadores haviam pensado. A capacitação é a hora de mostrar as vantagens de pertencer àquela comunidade;

- **Conversão:** se as duas fases anteriores forem bem-feitas, não só a venda será consequência como os membros vão começar a divulgar a marca para outras pessoas, inclusive produzindo os próprios conteúdos. Para que isso aconteça, é essencial construir uma relação de confiança, garantindo que cada membro se sinta seguro para interagir dentro da comunidade.

MAS QUAL É O PAPEL DOS INFLUENCIADORES NESSA HISTÓRIA?

Se em toda comunidade existem membros que se destacam, seja pela sua autoridade, seu carisma, seja por qualquer outro motivo, então eles exercem influência no grupo. Portanto podemos considerá-los influenciadores. O papel deles é fundamental para manter a comunidade unida e ativa, alimentando a audiência com informações, estimulando a interatividade e atraindo novos membros.

Isso não vem de hoje. Os *gamers* mais talentosos já ditavam tendências e serviam de referência para milhares de jogadores antes mesmo da digitalização da comunicação. Dentro do ambiente de interesse da comunidade de jogos eletrônicos, eles disseminavam a popularidade de títulos – como FIFA Soccer ou GT (Gran Turismo) – e incentivavam as pessoas a participar mais desse universo e a conhecê-lo melhor.

As empresas não demoraram a descobrir o poder dos influenciadores de aumentar o interesse dos membros de comunidades. Assim, incluí-los em suas estratégias de marketing foi o passo claro a ser dado. Os próprios *influencers* se deram conta de que, construindo uma comunidade em torno de si, conseguiriam estabelecer relações mais profundas e duradouras com o público. Ao investir em conteúdos que os aproximam da audiência, eles conseguem gerar conexão e, do ponto de vista das marcas, humanizar o processo de venda.

Uma comunidade engajada proporciona ao influenciador:

- Conhecimento detalhado sobre o público;
- Relacionamento mais aprofundado com os participantes;
- *Feedbacks* que ajudam a calibrar o tom, as postagens e até as ações comerciais;
- Recomendações espontâneas (ou orgânicas) dos seguidores;
- Camada de proteção em caso de uma "derrapada" ou iniciativa malsucedida.

AMBIENTES TÓXICOS

A reunião de pessoas em torno de comunidades é uma das principais características das redes sociais e traz imensos benefícios. Porém, toda vez que se juntam milhões, é inevitável que o que há de melhor e de pior nas pessoas seja amplificado. Isso faz parte da natureza humana, mas o que a internet fez foi potencializar a questão da toxicidade, do assédio, da disseminação de mentiras e do discurso de ódio. Como diriam os fãs de *Star Wars*, é o lado sombrio da força.

Para ter uma ideia, o Facebook e o Instagram reportaram ter removido quinze vezes mais postagens com discurso de ódio no segundo trimestre de 2021 do que há dois anos e meio, quando a empresa começou a divulgar esses dados. Foram 31,5 milhões de posts retirados no Facebook e 9,8 milhões no Instagram em apenas três meses.[65]

A única maneira de atingir esses números é com ferramentas automatizadas. No entanto, por mais que o Facebook e outras plataformas de mídia social invistam em melhorias e avanços em seus algoritmos e suas inteligências artificiais, filtrar conteúdos tóxicos é uma batalha muito difícil, que não tem como ser vencida se os usuários não se engajarem nela para valer.

Vamos usar novamente como estudo de caso a comunidade *gamer*, reconhecida pelos próprios membros como um ambiente cheio de preconceito; principalmente, contra jogadores do sexo feminino, negros e homossexuais. A organização não governamental Anti-Defamation League [Liga Antidifamação] vem estudando esse assunto há três anos. Veja o que eles descobriram na última pesquisa, realizada no primeiro semestre de 2021, nos Estados Unidos:[66]

- Cinco em cada seis adultos (83%) que jogam *games multiplayer* (aqueles em que vários jogadores disputam a mesma partida) já foram alvo de algum tipo de assédio on-line. Isso dá quase 80 milhões de pessoas com idade entre 18 e 45 anos;
- O mesmo aconteceu com três em cada cinco adolescentes de 13 a 17 anos, o que corresponde a 14 milhões de jovens (60% da amostra);
- Como se não bastasse, 71% dos adultos disseram ter sido vítimas de algum tipo de abuso severo enquanto jogavam *games multiplayer*, como perseguições e ameaças de agressão física;
- Os casos de assédio são maiores entre mulheres (49%) e grupos étnicos, como negros (42%) e asiáticos (38%).

É claro que essas comunidades não ficaram de braços cruzados. Muita gente já arregaçou as mangas e foi à luta para tornar o ambiente dos jogos eletrônicos um lugar mais seguro para grupos minoritários. Trouxe quatro exemplos do Brasil, mas iniciativas desse tipo existem em quantidade pelo mundo afora.

- **Sakuras Esports:** criada para aumentar a visibilidade das mulheres no cenário dos esportes virtuais, graças a uma plataforma para jogadoras e criadoras de conteúdo;
- **Projeto Fierce:** organização que tem como objetivo encorajar mulheres e pessoas da comunidade LGBTQIA+ que sofrem discriminação e assédio nos *games* e esportes virtuais;

- **Wakanda Streamers:** rede de apoio que oferece suporte à comunidade negra *gamer* com troca de experiências, incentivos, orientações, divulgação, ensino e assessoria;
- **You Go Girls:** site que promove a igualdade de gênero no mundo *gamer* por meio de entrevistas, notícias, torneios, partidas promocionais e ações que tragam visibilidade para jogadoras, *streamers* e criadoras de conteúdo.

Por fim, há quem considere que a melhor solução é deletar tudo e começar de novo. Não é piada nem pegadinha. O Institute for Rebooting Social Media [Instituto para Reiniciar a Mídia Social] é uma iniciativa criada em 2021, em um dos centros de estudos da Universidade de Harvard, e conseguiu milhões de dólares em financiamento doados por diversas fundações filantrópicas e de pesquisa.[67]

Seus idealizadores partem da ideia de que as redes sociais se desviaram de seu propósito inicial, que era conectar pessoas e incentivar a descoberta e a troca de ideias. Aos poucos, elas foram se tornando ambientes tóxicos e até perigosos, palco de disseminação de mentiras, ameaças e crimes.

A proposta do instituto não é puxar a tomada das plataformas, mas fortalecer iniciativas que ajudem a melhorar o ambiente on-line. Ao mesmo tempo, que pretendem combater as práticas negativas, preconceituosas e criminosas na rede. Seria mais fácil apertar o botão de desligar. Mas, já que não dá, o jeito é nos unirmos para fazer das comunidades nas redes sociais um lugar melhor.

QUAL É O SEU NÚMERO BACON?

A teoria dos seis graus de separação não surgiu como hipótese científica, mas como a obra literária *Tudo é diferente*, de 1929.[68] Como era uma época de grandes transformações, o autor, o húngaro Frigyes Karinthy, acreditava que o desenvolvimento dos meios de transporte e de comunicação seria capaz de aproximar cada vez mais as pessoas do mundo todo.

Em 1960, o psicólogo norte-americano Stanley Milgram resolveu testar a validade da teoria de Karinthy. Ele pediu a trezentas pessoas de várias partes do país que enviassem um pacote a certo cidadão da cidade de Boston, mas não diretamente. Elas precisavam enviar a encomenda a alguém que conhecessem e que achassem que teria mais chance de ter contato direto com o destinatário. No fim da experiência, cem caixas chegaram ao destino, passando pelas mãos de seis pessoas, em média. Assim se estabeleceram os tais seis graus de separação.[69]

Em 2012, pesquisadores da Universidade de Columbia repetiram o experimento, só que com e-mails em vez de pacotes. As mensagens passaram por cinco a sete pessoas, em média, até chegarem ao destinatário.[70]

Não por acaso, um dos precursores do modelo de rede social que usamos hoje foi o site *Six Degrees* [Seis Graus], de 1997.[71] Um tempo antes, um grupo de universitários da Pensilvânia tinha inventado o jogo "Seis Graus de Kevin Bacon", que, na época, fez o maior sucesso.

A brincadeira era conectar o ator a qualquer outro artista do mundo, usando como *link* filmes em que os astros tivessem atuado juntos. Ganhava quem fizesse o caminho mais curto.

Vamos pegar como exemplo o eterno Gene Kelly, um dos maiores atores-dançarinos da história do cinema. Como Kelly e Bacon estão conectados? Segue o fio: Gene Kelly trabalhou com Paul Newman em *A senhora e seus maridos*. Paul Newman trabalhou com Vittorio Gassman em *Quinteto*. E Vittorio Gassman trabalhou com Kevin Bacon em *Sleepers – A vingança adormecida*. São três conexões para chegar de um ao outro; portanto, o número Bacon de Gene Kelly é três.

Para descobrir até que ponto as redes sociais ampliaram o nível de conexão entre os habitantes do planeta, o Facebook repetiu as experiências de 1960 e de 2012, usando sua base de 1,6 bilhão de usuários. Utilizando ferramentas estatísticas e cruzamento de dados, a pesquisa indicou que o grau de separação entre duas pessoas plugadas na internet oscila entre 3,5 e 4,5. Ou seja, nunca estivemos tão próximos uns dos outros.

> Quer brincar? Escolha um ator famoso e que tenha trabalhado em muitos filmes, como Matt Damon, por exemplo, e desafie um dos participantes do jogo a conectá-lo com outro artista (de sua escolha) usando a mesma regra dos Seis Graus de Bacon. Quem não conseguir fazer o caminho, cai fora do jogo.

A brincadeira do Seis Graus foi levada tão a sério que o Oráculo Bacon, um mecanismo de busca que mostra na hora as ligações entre qualquer artista e o ator, foi criado. O site está no ar até hoje e, se você estiver curioso, pode checá-lo por meio do QR Code ao lado!

www.economiadainfluencia.com.br

CAPÍTULO 6 **115**

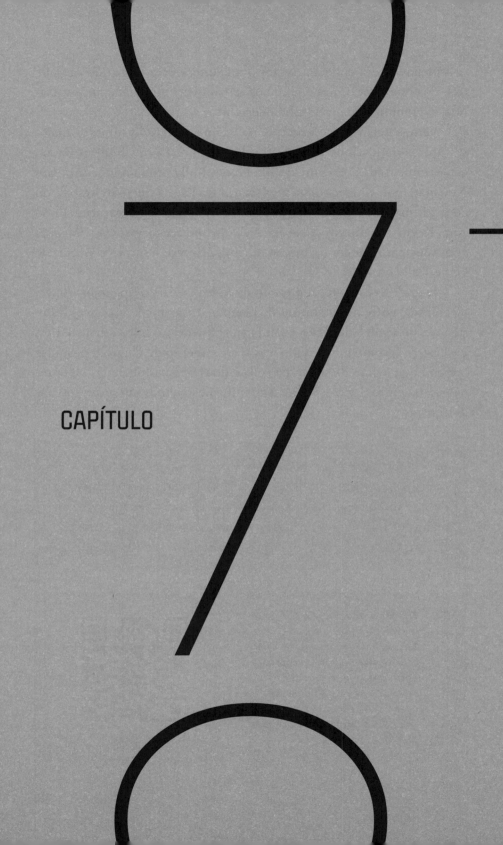

CAPÍTULO 7

NO FUNDO DE UMA ESTRATÉGIA DE SUCESSO SEMPRE HÁ UMA BOA HISTÓRIA

QUEM É REI NUNCA PERDE A MAJESTADE	119
RELEVÂNCIA, ENGAJAMENTO E FIDELIZAÇÃO FAZEM A DIFERENÇA	120
VÁRIOS CANAIS, MESMA MENSAGEM	122
ENGAJAMENTO NÃO CAI DO CÉU	124
SEJA VOCÊ MESMO, MAS CRIE UMA PERSONA	126
DISCURSO DE ÓDIO, O LADO SOMBRIO DA FORÇA	129
HISTÓRIAS BEM CONTADAS VALEM OURO – OU MAIS	130
QUALQUER MANEIRA DE AMOR VALE A PENA	133

Antes de entrar nesse assunto, quero fazer uma provocação. Até aqui, falamos muito sobre conteúdo, mas você já parou para pensar se o marketing é protagonista ou figurante dentro do seu negócio? Quem vai contar a história que a marca quer reforçar é o marketing.

Converso com muitos empreendedores, de todos os portes. Fico espantado em ver empresas que faturam milhões de reais por ano sem estrutura mínima de orçamento de marketing. Ou que não têm controle de metas, que não sabem aonde querem chegar ou ainda que, em pleno século 21, com todas as ferramentas que temos à disposição, fazem as coisas somente por *feeling* (intuição).

www.economiadainfluencia.com.br

Já mostrei nos capítulos anteriores a importância do conteúdo. Antes de embarcar nessa viagem, no entanto, é preciso entender a maturidade da empresa para definir a melhor narrativa. Todo negócio tem uma história para ser contada e, com boas estratégias, isso pode ser usado a seu favor. É fato: quem tem uma boa história consegue criar uma relação de longo prazo com a audiência.

Vou pegar como exemplo a minha agência. A MField trabalha com produtos 100% digitais, focados em *social media*. Quando vou apresentar a marca, conto que ela surgiu nas próprias redes sociais. Tudo começou com uma mensagem direta que enviei para um dos meus atuais sócios, falando de um post que ele havia publicado no Instagram. Acreditei que poderia ajudar com aquele problema, marcamos de tomar um café, nos reunimos uma, duas, três, cinco vezes, e acabamos abrindo uma empresa juntos. Sim, nossa empresa surgiu a partir de uma *direct* no Instagram.

Uso essa forma de capturar a atenção das pessoas porque esse é o jeito mais eficaz de fidelizar. Fazer o público embarcar na história funciona muito mais do que apresentar o negócio fria e objetivamente.

Parece simples, mas não é. Trata-se de uma estratégia formada pelo tripé comunicação, marketing e conteúdo. Não dá para pular direto para a produção de conteúdo se a empresa não estiver fazendo uma comunicação e um marketing adequados. Alguns passos devem ser trabalhados antes para não cair de paraquedas em uma avalanche de conteúdo.

QUEM É REI NUNCA PERDE A MAJESTADE

Todo mundo já ouviu a expressão "o conteúdo é rei". Quem a tornou famosa foi ninguém menos que Bill Gates, em um post publicado em seu site oficial.[72] Era 1996 e, mesmo em um cenário "pré-histórico" da internet (a conexão ainda era discada), o fundador da Microsoft conseguiu prever o que viria no futuro e indicou o caminho para sobreviver à revolução digital.

Apesar de ter sido escrito na década de 1990, é um artigo que continua atual, e vale a pena conferi-lo! Nesse texto, há quatro pontos que considero muito importantes. Vou usar as palavras do próprio Bill Gates para destacá-los:

1. **"Todas as empresas podem participar deste novo mercado, não existe empresa pequena demais."**
Na internet, quem construir uma presença bem elaborada pode parecer muito maior do que é fora do ambiente digital – tão grande quanto uma Nestlé, uma Sadia ou uma Ambev da vida.

2. **"Uma das coisas mais interessantes a respeito da internet é o fato de que qualquer pessoa com computador e acesso à rede pode publicar qualquer conteúdo que produza."**
A internet democratiza as duas pontas da produção de conteúdo. Pequenas empresas podem criar coisas incríveis e se tornar gigantes no digital; ao mesmo tempo, qualquer pessoa com acesso a um dispositivo conectado pode produzir todo tipo de conteúdo.

3. **"De certa forma, podemos comparar a internet a uma máquina de xerox: uma forma de replicar conteúdo com baixo custo, não importa o tamanho da audiência."**

Whindersson Nunes é um ótimo exemplo desse ponto. Um rapaz do interior do Piauí que, com um celular e muito humor, começou a produzir vídeos para seu canal no YouTube, em 2013. Sete anos depois, ele conta com 43 milhões de inscritos no canal de vídeo, 53,5 milhões de seguidores no Instagram (em setembro de 2021) e está na lista dos cinquenta maiores influenciadores do mundo.[73]

4. **"Quando o desafio é transformar o computador numa máquina para leitura, os produtores devem entregar conteúdo rico e atualizado, para que as pessoas possam explorar os detalhes. O conteúdo deve ter áudio e, se possível, vídeo. É preciso entregar uma oportunidade de os leitores interagirem de forma profunda com o conteúdo."**

Ou seja, há mais de vinte anos, Bill Gates já alertava que o negócio, na internet, era a produção de conteúdo multimídia. Hoje é o arroz com feijão do on-line, mas, na época em que se demorava duas horas para baixar uma música, era uma visão bem à frente do seu tempo.

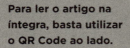
Para ler o artigo na íntegra, basta utilizar o QR Code ao lado.

www.economiadainfluencia.com.br

RELEVÂNCIA, ENGAJAMENTO E FIDELIZAÇÃO FAZEM A DIFERENÇA

Vimos, então, que na internet não existe empresa pequena demais; qualquer pessoa com um dispositivo conectado pode produzir conteúdo

– e fazer isso com custo baixo; e esse conteúdo deve ter formatos variados (áudio, vídeo, texto).

Se as ferramentas e as condições para a produção dos mais diversos materiais estão à disposição, então por que algumas empresas têm o conteúdo como centro de sua estratégia e outras não? O que diferencia umas das outras? Vejo três pontos principais quando busco responder a esses questionamentos.

O primeiro é relevância. Considero isso uma questão muito importante para marcas que já centram sua estratégia na produção de conteúdo. Com volume e qualidade, o conteúdo publicado pode elevar a empresa ou a marca a outro patamar, tornando-a uma autoridade dentro do seu setor.

A Adidas é pioneira na fabricação de calçados esportivos e foi responsável por grandes inovações ao longo dos seus quase cem anos. Mas não é só por causa da própria história que a marca se tornou referência mundial em material esportivo. Sua loja on-line, por exemplo, é muito mais do que um *e-commerce*. Lá, o fã de esportes encontra histórias inspiradoras, entrevistas com atletas, informações sobre como treinar com segurança, dicas de moda esportiva e, além de tudo isso, pode colaborar com o projeto da empresa para a redução do lixo plástico.[74]

O segundo é engajamento. Inúmeras pesquisas comprovam que, quanto mais conteúdos relevantes são produzidos, maior o engajamento nas redes sociais, na internet, nos buscadores. Segundo pesquisa do HubSpot, 75% das pessoas que usam ferramentas de busca, como o Google, não passam da primeira página de resultados.[75] Se o seu conteúdo não for bem ranqueado, dificilmente será encontrado organicamente.

No Brasil, quem trabalha isso muito bem é o Magalu. Fora os conteúdos tradicionais que produz – blogs, redes sociais, ações com influenciadores –, a empresa conseguiu potencializar incrivelmente a personagem Lu como conteúdo. Graças a ela, o Magazine Luiza foi o primeiro varejista no mundo a superar 1 milhão de seguidores no YouTube.[76]

Lu lidera ações contra violência doméstica, paquera no Tinder, interage com o público no Instagram (onde tem 5,5 milhões de seguidores) e no Twitter (1,3 milhão). É ou não é um fenômeno de engajamento?

Por último, fidelização. Sim, conteúdo gera fidelização para diversos tipos de cliente e nas várias etapas da jornada de compra. Quanto mais a pessoa é impactada por determinado conteúdo – seja nas redes sociais, em ações de remarketing, nos buscadores, seja na mídia digital –, mais ela mantém a marca no seu radar.

Um exemplo superinteressante é o da Michelin, fabricante de pneus. Em vez de falar sobre seu produto, especificamente, a marca aposta em conteúdos diversificados para manter-se na mente do público. As pessoas não costumam passar muito tempo pensando em trocar os pneus, mas, quando chega a hora, a Michelin quer ser a primeira na lembrança do consumidor.

Foi assim que surgiu um dos grandes símbolos da marca, os guias de viagem. Eles começaram a ser produzidos e distribuídos gratuitamente em 1900.[77] A ideia dos irmãos Michelin era incentivar os franceses a usarem mais seus automóveis e, assim, gastarem mais pneus. O guia trazia informações essenciais para os viajantes, como mapas, lista de postos de gasolina, indicações de hotéis para se hospedar e sugestões de restaurantes. Com o tempo, a seção de restaurantes foi ficando famosa e os organizadores passaram a classificar os estabelecimentos por estrelas, conforme a qualidade da comida. Conquistar três estrelas no guia Michelin é, até hoje, o *top do top* em termos de gastronomia, além de símbolo do prestígio da própria marca.

Antes de passarmos adiante, quero destacar um ponto importante: estratégias de conteúdo não precisam, necessariamente, ter como foco o aumento de vendas. Elas ajudam a ampliar a visibilidade, a fidelizar e a atrair novos clientes. Por isso, é essencial definir qual é o objetivo a ser alcançado. É só venda? É atração? É fidelização? Cada uma dessas etapas tem um formato de conteúdo próprio, que deve ser pensado especificamente para atingir a meta estabelecida.

VÁRIOS CANAIS, MESMA MENSAGEM

O conteúdo pode ser rei, mas quem manda mesmo é a primeira-ministra, a distribuição. Ele é a base de tudo, mas, se não chegar em quem deveria, o esforço foi desperdiçado. Lembra-se do conceito de transmídia? É produzir materiais complementares, de acordo com as características dos diferentes canais, mas mantendo a unidade da mensagem – isso é inegociável. Você pode usar todos os canais de distribuição que achar convenientes ou necessários, mas deve seguir uma linha de comunicação consistente. Nada de atirar para todos os lados.

Gosto muito de cozinhar, mas não sou nenhum *creator* culinário. Procuro a receita na internet e sigo os passos. Um dia, pensei em preparar uma salada, dei um Google e acabei entrando em um site chamado Recepedia. Não parecia atrelado a nenhuma marca, só mais um dos milhões de sites de receitas que povoam a internet. Mas, discretamente, na lista de ingredientes, constava um pote de maionese Hellmann's.

Como o digital é a minha paixão, fui pesquisar e entendi que a comunicação de Hellmann's estava alinhada com esse site – as redes sociais, a página institucional, tudo tinha a mesma linguagem, embora os públicos fossem diferentes. A marca conversa com a dona de casa, que prepara as refeições da família; com o *gamer*, que faz sanduíche para comer enquanto joga; com quem gosta de se aventurar na cozinha de vez em quando. Diversas audiências, mas a mesma linguagem. É um baita exemplo de produção de conteúdo proprietário superleve, sem o peso de ser uma publicidade.

É importante manter a consistência da comunicação em todas as plataformas e canais nos quais a marca está presente. Da empresa para fora, o mecanismo de entrega de marketing mais comum para contar histórias são as redes sociais. Por vários motivos: elas são fáceis de usar, populares e gratuitas (em termos de acesso e participação dos usuários).

E da porta para dentro? Afinal, a unidade da mensagem se aplica tanto ao público externo quanto ao interno. Como a empresa é apresentada aos colaboradores? Qual história você conta? Qual história você quer que eles contem? A estratégia de conteúdo deve ser a protagonista também internamente a fim de fazer com que todo mundo embarque na mesma narrativa e, talvez, conquistar os *employees advocates* dos quais falamos no Capítulo 6.

ENGAJAMENTO NÃO CAI DO CÉU

Contamos histórias para conquistar ou fidelizar clientes, gerar lembranças, empatia, interação e, é claro, para vender nossos produtos ou serviços. Porém, na minha leitura do cenário atual das redes sociais, há muitas pessoas e marcas que ainda medem seu sucesso com base no número de seguidores, de *likes* e de compartilhamentos. É o que costumamos chamar de "métricas de vaidade". Fazem bem para o ego, mas não ajudam a tomar decisões nem a medir resultados concretos.

Se queremos, com nossas histórias, engajar a audiência, o conteúdo precisa ser interessante para o consumidor. Isso gera proximidade e conexão, e esses dois fatores, quando somados, resultam em engajamento. Acontece que proximidade e conexão não vêm de graça. É preciso uma boa dose de criatividade, outra de estratégia e o tanto de trabalho que for preciso para fazer acontecer.

> **PROXIMIDADE + CONEXÃO = ENGAJAMENTO**

O X da questão, portanto, é como produzir conteúdo capaz de gerar proximidade e conexão com o público que queremos atingir. Embora não exista uma receita padrão, considero algumas etapas indispensáveis.

Começando pela proximidade, é preciso escutar a audiência, entendê-la e trazer soluções para suas dores. Além disso, é essencial postar regularmente e com frequência.

Existem diversas formas de ouvir o que o seu público tem a dizer. Vou dar um exemplo "de casa": uma ação que fizemos na agência para entender o que as pessoas desejavam em relação à Black Friday de 2020. Usamos as próprias redes sociais para fazer uma pesquisa com enquetes, questões de múltipla escolha (a, b, c ou d), perguntas com resposta direta (sim ou não), enfim, aproveitamos todas as opções disponíveis na plataforma para obter respostas do público.

Para estimular a participação, selecionamos dez influenciadores e demos a eles uma lista de oito a dez perguntas para fazerem a seus seguidores durante determinado período. Cada um tinha liberdade para usar a própria linguagem e estilo para despertar o interesse do público, evitando aquela sensação incômoda (e chata) que é tão comum quando se está respondendo uma pesquisa "séria".

Com o material em mãos, fizemos um trabalho de curadoria (foram mais de 24 mil interações) e formatamos as respostas como resultado de pesquisa. Com criatividade, estratégia e trabalho, conseguimos levantar informações que nos ajudaram a planejar ações para nossos clientes com mais assertividade. E sem gastar nada, pois utilizamos funcionalidades que as plataformas oferecem normalmente, embora pouca gente use com essa finalidade mais estratégica.

Depois de escutar, o próximo passo é entender o que as pessoas estão querendo dizer, desvendar suas necessidades, seus desejos, e oferecer soluções. Foi o que fez a Sallve, empresa de cosméticos já mencionada anteriormente. Para lançar seu primeiro produto (um creme antioxidante), eles coletaram informações de mais de 10 mil pessoas, entre pesquisas, análise de resenhas de outros produtos e muita conversa pelos canais digitais.[78] Em 2021, a companhia recebeu uma injeção de capital de 110 milhões de reais para investir no desenvolvimento de sua linha e na estratégia de marketing, focada nas redes sociais.[79]

Agora, não adianta seguir os passos anteriores se a marca não mantiver um ritmo frequente e regular de publicações. Sem isso, os algoritmos das redes sociais vão jogar contra sua estratégia de produção de conteúdo. O Instagram, particularmente, tem um algoritmo que exige frequência quase diária para gerar interação e criar proximidade com o público. O mesmo vale para o YouTube e, em maior ou menor grau, para todas as outras redes.

Uma coisa importante de ter em mente é que a proximidade entre audiência e produtor de conteúdo, ou entre público e marca, não é criada de uma hora para outra. Pode demorar um pouco para as pessoas começarem a receber os posts e a interagir, porque o algoritmo precisa de um tempo para entender o que você está criando e para quem ele deve entregar o conteúdo. Por isso, não desista se não houver muita interação no início. Mantenha-se firme, e ela virá.

SEJA VOCÊ MESMO, MAS CRIE UMA PERSONA

A segunda parte da equação do engajamento é conexão. E o básico do básico para estabelecer algum tipo de conexão com a audiência é ser genuíno. Nem pense em se apropriar, expor ou tentar "vender" uma pauta que não faça parte dos valores da marca. Mais cedo ou mais tarde (geralmente, mais cedo), a coisa vem à tona.

Um caso que se tornou público foi o do sorvete Diletto. O fundador dizia usar a receita criada por seu avô italiano, que fazia sorvetes com neve desde os anos 1920. Para fugir dos horrores da Segunda Guerra Mundial na Europa, seu Vittorio veio para o Brasil com a família. Anos mais tarde, seu neto usou a receita para abrir o próprio negócio.

Só que o *signore* Vittorio e seu sorvete de neve não existem. É claro que alguém fuçou, acabou descobrindo e divulgou o caso. Apesar de garantir que seus produtos são feitos a partir da adaptação de uma receita de família, a marca precisou admitir que "foi longe demais na história" e isso pegou mal.[80] É a eterna briga entre oportunismo e oportunidade. Há marcas oportunistas, mas também existem as que aproveitam a oportunidade para se mostrarem autênticas.

Outro fator importantíssimo para criar conexão é conhecer bem o seu público e ter uma interface que facilite a conversa. Para isso temos as personas, aquelas personagens baseadas em dados e características de pessoas reais e que representam o cliente ideal de um negócio.

Fizemos isso "dentro de casa": a persona da MField nas redes sociais é um jovem descolado, entusiasta de *social media*, que gosta de interagir, que curte memes. A Lu, do Magazine Luiza, que citamos lá atrás, é uma persona fortíssima.

Para criar a sua persona, descubra o que o público quer saber, quais conversas o atraem, estude o estilo e o tom de linguagem mais adequados para determinada comunidade. Quanto mais assertiva for a persona, mais conteúdos recomendados serão entregues e mais eficiente a marca vai ser no diálogo com a audiência.

✓

O BÁSICO DO BÁSICO PARA ESTABELECER ALGUM TIPO DE CONEXÃO COM A AUDIÊNCIA É SER GENUÍNO.

@flavinhosantos

www.economiadainfluencia.com.br

Muito bem, agora temos a persona. O que fazer com ela, ou melhor, o que ela vai fazer para a marca? A resposta é: criar conteúdos e narrativas que conversem com as necessidades do público que ela representa.

Empresas de moda, por exemplo, são mestres nisso. Redes como C&A, Renner e Marisa estão sempre postando coisas que respondem a alguma necessidade dos seus clientes – e até dos não clientes. Exemplos: dicas de como criar um *look* para aquela entrevista de emprego; que roupa usar para conhecer a família do namorado ou da namorada; o que vestir para passar uma imagem séria, mas não careta – ou seja, como utilizar a moda a seu favor em situações reais, do cotidiano, e que todos sentem na pele. Assim, fica fácil se identificar, se conectar e interagir com aquele conteúdo porque são dores que as pessoas vivem no dia a dia.

Um trabalho de que gosto muito é o da Dobra, marca que vende uma série de produtos (tênis, carteiras, bolsas, camisetas) feitos de um material que parece papel, mas não é. A persona da empresa é seu CEO, Batman, um cão da raça *pug*. Ele tem poder de voz, conversa com a audiência, dá dicas e ganhou até um perfil próprio no Instagram.

A linha de produtos da Dobra nem é tão grande, o conteúdo é que é bem diversificado. A marca fala de temas que vão de educação financeira a receitas culinárias, passando por reciclagem e posts que brincam com assuntos em alta no noticiário. Em muitos casos, nem dá para estabelecer uma ligação direta entre o conteúdo e os produtos, mas as pessoas curtem para valer.

Agora que já falamos de autenticidade, de conhecer o público e de ter uma persona própria, precisamos abordar um item fundamental no jogo da conexão: não deixar ninguém no vácuo. Quem abre um canal de relacionamento nas redes sociais deve responder ao consumidor, nem que seja com uma curtida. Deixar uma dúvida ou queixa sem resposta é frustrante e acaba atraindo reações negativas. Se alguém reclama e a marca não se manifesta, outras pessoas começam a postar as próprias experiências em uma onda que pode crescer a ponto de virar uma crise de imagem. Então fica a lição: responda ao seu público.

Resumindo o que falamos até aqui, a soma de todos esses fatores de conexão e de geração de proximidade, dentro das estratégias de conteúdo, é o que gera o engajamento.

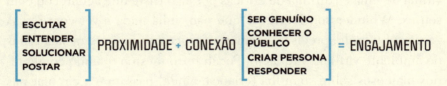

DISCURSO DE ÓDIO, O LADO SOMBRIO DA FORÇA

Já falei anteriormente sobre como as redes sociais e as comunidades podem despertar um lado negativo no ser humano, certo? Dito isso, um problema para o qual não podemos fechar os olhos é que os conteúdos de ódio também geram engajamento. Quem posta um emoji xingando, vomitando, mostrando o dedo do meio, ou uma *hashtag* que incentiva críticas, acaba levantando a bola daquele perfil. Para os algoritmos das redes sociais, qualquer mensagem é considerada uma ação de engajamento, não importa o tom.

Isso acontece porque há pessoas que querem engajar a qualquer custo e não se importam em usar discurso de ódio para provocar polêmica e gerar tráfego. Chamamos esses indivíduos de *haters*. Numa tradução ao pé da letra, significaria "odiadores".

Pesquisas mostram que o ódio provoca mais reações do que o amor nas redes sociais. Um estudo da Universidade de Cambridge,[81] no Reino Unido, que analisou quase 3 milhões de posts no Facebook e no Twitter, concluiu que o nível de engajamento gerado por críticas é duas vezes maior do que o compartilhamento de coisas positivas.

É claro que quem deseja ter uma presença forte no digital procura acumular *likes,* comentários, compartilhamentos. Infelizmente, para algumas pessoas, prevalece o velho ditado "falem bem ou falem mal, mas falem de mim." O ódio acaba maquiando e inflando os números de interações e visualizações.

Quando esses sentimentos negativos são canalizados para alguém em particular, podem afetar a saúde mental da pessoa. As redes sociais estão cheias de casos assim. A cantora Luísa Sonza, por exemplo, foi vítima de uma enxurrada de críticas por algo triste que aconteceu com seu ex, Whindersson Nunes, e que não tinha nada a ver com ela. A cantora Ludmilla precisou acionar a justiça por injúrias raciais feitas no ambiente virtual. A funkeira Pocah fez o mesmo quando comentários maldosos sobre sua filha (criança, ainda) passaram a circular nas redes sociais.

Precisamos fazer uma reflexão séria quanto a essa questão. De minha parte, acredito que não vale a pena engajar pelo ódio. Uma forma mais eficaz de demonstrar descontentamento é justamente não ajudando a dar visibilidade à pessoa, ao assunto, ao vídeo, à fofoca. Essa atitude passa a mensagem de maneira respeitosa e muito mais didática. Afinal, para quem adota a filosofia do "falem de mim, bem ou mal", o silêncio é o pior castigo.

HISTÓRIAS BEM CONTADAS VALEM OURO – OU MAIS

Uma provocação que gosto de fazer é que comunicação não é aquilo que a gente fala, é o que o outro entende. Você pode contar o que quiser, do jeito que achar melhor, mas sempre é possível que o público não compreenda a história, que não embarque na narrativa.

Mas quando a história emplaca, o sucesso é garantido, pelo menos em termos de *recall*. Um dos pioneiros da psicologia cognitiva e até hoje referência nesse campo de estudo, o professor Jerome Bruner, já tinha descoberto, há duas ou três décadas, que as pessoas têm 22 vezes mais chances de lembrar de fatos se eles forem apresentados dentro de um contexto narrativo.[82] Kendall Haven, autor de *Story Proof and Story Smart*,[83] considera o *storytelling* uma prática importante para o mundo dos negócios.

> Seu objetivo, em cada comunicação, é influenciar o público-alvo (mudar suas atitudes, crenças, ideias e comportamento). Informação, sozinha, raramente consegue provocar mudanças em alguma dessas áreas. Pesquisas confirmam que histórias bem elaboradas são a forma mais efetiva de exercer influência.
>
> **Kendall Haven, *Story Proof and Story Smart***

Existem infinitas formas de contar histórias nas redes sociais. Pode ser em um post normal, em forma de lista, em *e-book*, com dicas do dia a dia, por meio de memes – use a imaginação. Só que não adianta criar esse tipo de conteúdo se não for para engajar o público. É bem verdade que ninguém conseguiu inventar uma fórmula mágica para fazer dar certo. A ciência e a prática mostram que o melhor jeito é mesmo com *storytelling*.

Fomos criados ouvindo e compartilhando histórias. É da natureza humana. O marketing se apropria disso muito bem, pois, como já disse diversas vezes, todo mundo tem uma história para contar, inclusive as marcas. Usado como instrumento de marketing, o *storytelling* atiça a curiosidade, desperta nossa imaginação e ativa o gatilho de identificação com a história – e, portanto, com a marca.

É nas redes sociais, local em que quem comanda a distribuição do conteúdo são os algoritmos, que melhor podemos usar o *storytelling* a nosso favor. Se a história é boa, o público fica até o fim. E já vimos que, quanto maior o tempo de permanência do usuário na postagem, melhor o engajamento e o desempenho daquele conteúdo.

Uma marca pode contar sua história de várias formas. Por exemplo, mostrando aonde ela quer chegar, qual é sua missão, como será a experiência que o consumidor terá ao utilizar aquele produto ou serviço, ou mesmo em quais projetos a empresa está envolvida. Empresários e pessoas físicas em geral podem compartilhar desafios pessoais, os obstáculos superados ao longo da sua trajetória, como lideram suas equipes ou mesmo os problemas que o próprio time enfrenta.

O tipo de narrativa clássica por natureza é contar a história da empresa. Não como a Diletto, mas, por exemplo, como a Granado, que completou 150 anos em 2020. Obviamente, eles fizeram barulho para aproveitar a ocasião. Afinal, quantas marcas podem se orgulhar de chegar a essa idade, ainda mais no Brasil? Mas o processo de recuperação da imagem, desgastada após mais de um século no mercado, começou lá atrás, em 2005.

Foi o ano em que a nova administração abriu a primeira loja-conceito, exatamente no mesmo local onde, em 1870, José Antônio Granado abriu a primeira botica, bem no centro do Rio de Janeiro. A grande sacada foi resgatar essa história, aproveitando o rico acervo que a família Granado deixou – vitrines originais, balanças, propagandas e embalagens da época, mobiliário.

A estratégia incluiu a repaginação dos produtos para que transmitissem os valores da Granado de um jeito mais moderno, mas mantendo o ar retrô, já que a trajetória da empresa é um dos principais ativos de marketing.

Todos os pontos de venda contam a mesma história. Em 2021, havia mais de oitenta lojas-conceito no Brasil, mais três em Paris e dois pontos de venda em Portugal.[84] Não tem como entrar em uma loja da Granado e não se sentir transportado para outra época. Só um bom trabalho de *storytelling* consegue provocar esse efeito.

E é possível mostrar as funcionalidades de um produto em formato de história? Sim. A Apple fez isso brilhantemente em *The Whole Working-From-Home Thing* (algo como "essa coisa toda de trabalhar de casa").[85] É praticamente um curta-metragem com quase sete minutos de duração, mas que parecem dois.

Na história, uma equipe de quatro pessoas é incumbida de colocar de pé um projeto em um prazo quase impossível, com um orçamento mínimo e sem se reunir em momento nenhum, já que estão todos de quarentena por causa da pandemia.

Não vou contar detalhes para não estragar a diversão de quem ainda não assistiu. O que posso dizer é que, conforme o projeto avança, as dificuldades são superadas graças ao uso dos equipamentos e recursos tecnológicos da Apple. Humor, identificação, demonstração de produto, narrativa... está tudo lá. Vale investir sete minutos do seu tempo para conhecer esse belo trabalho.

Contar as histórias dos consumidores é outra técnica que funciona muito bem quando falamos de *storytelling*. A Consul fez isso em 2020: criou uma websérie na qual o multitalentoso Paulo Gustavo, gravando na própria casa, dividia com o público as dores e as delícias do confinamento. No meio do programa, o humorista também comentava as histórias que as pessoas compartilhavam nas redes sociais.

No fim, Paulo Gustavo apresentava uma promoção e, a cada episódio, divulgava os produtos participantes. A distribuição orgânica foi enorme e a iniciativa deve ter ajudado a Consul a vender muitos fogões e geladeiras.

QUALQUER MANEIRA DE AMOR VALE A PENA

Poderia escrever outro livro inteiro com "causos" maravilhosos de *storytelling*, mas vou contar só mais dois, para finalizar. Um brasileiro e um internacional. Começando pelo de fora e que considero referência: o das fraldas Huggies, da Kimberly-Clark.

A concorrência da marca com a Pampers, da Procter & Gamble, sempre foi páreo duro. No Canadá, então, onde 100% dos hospitais tinham contrato com a P&G, o desafio era ainda maior. Para enfrentá-lo, o pessoal da Kimberly-Clark voltou às origens. E deu muito certo.

Hug, em inglês, significa abraço. Pois bem, amparada em uma tonelada de pesquisas científicas que comprovam que abraços são necessários para a saúde dos bebês (eles ajudam a estabilizar os sinais vitais, a fortalecer o sistema imunológico, a desenvolver a capacidade cerebral, entre muitos outros benefícios), a Huggies lançou o movimento *No Baby Unhugged* [nenhum bebê sem abraço, em tradução livre].[86]

No primeiro ano (2015), foi lançada uma campanha para informar as mães do poder do contato direto (pele com pele) no bem-estar dos bebês, além de um programa de voluntários que iam até as unidades de terapia intensiva neonatais para abraçar os internos que precisavam de contato humano.

Nos anos seguintes a ação continuou, com projetos para ajudar as mães a encontrar mais momentos para ficar com seus pequenos, para incluir os pais e para dar suporte a filhos de pessoas envolvidas com álcool ou drogas. Como resultado, as vendas de fraldas da marca para recém-nascidos, que amargavam dez anos em queda, cresceram 16%. E o melhor: o projeto dos abraços para prematuros foi adotado em pelo menos uma dezena de países. É ou não é uma bela história?

O Boticário vem usando uma estratégia parecida, mas com uma narrativa centrada no conceito de que todos os tipos de amor são válidos. Lá em 2015, o comercial "As sete tentações de Egeo" gerou muita polêmica ao mostrar casais heterossexuais e homossexuais trocando presentes no Dia dos Namorados.[87]

Choveram protestos, ameaças de boicote e até denúncia no Conselho Nacional de Autorregulamentação Publicitária (Conar). A resposta da marca, firmando sua posição e não se deixando intimidar, merece ser aplaudida de pé. Como não dá para bater palmas no papel, vou reproduzir o texto divulgado na época.

> O Boticário acredita na beleza das relações, presente em toda sua comunicação. A proposta da campanha "Casais", que estreou na TV aberta no dia 25 de maio, é abordar com respeito e sensibilidade a ressonância atual sobre as mais diferentes formas de amor. Independente de idade, raça, gênero ou orientação sexual – representadas pelo prazer em presentear a pessoa amada no Dia dos Namorados. O Boticário reitera que valoriza a tolerância e respeita a diversidade de escolhas e pontos de vista.[88]

Minha dica final é: conte sua história. Fale sobre você, sobre a empresa, sobre a trajetória do produto. Se for o caso, crie uma persona para desempenhar esse papel. O que importa é despertar nas pessoas o interesse pela história que a marca quer contar. Isso gera conexão emocional e esse relacionamento é a base de tudo – entre marca e audiência, entre empresa e consumidor. É isso que, de fato, aproxima os seguidores, gera conexão e traz resultados concretos.

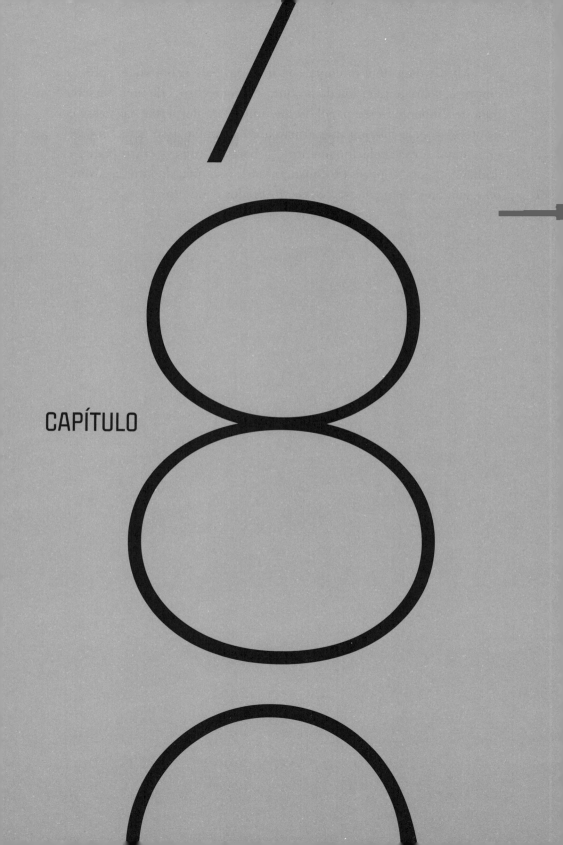

CAPÍTULO 8

O QUE VOCÊ TEM PARA CONTAR

***STORYTELLING* 1.0 E 2.0**	**140**
NOVOS FORMATOS	**141**
COMO DESCOBRIR A HISTÓRIA QUE VOCÊ TEM PARA CONTAR	**143**
APRENDENDO COM QUEM NÃO FEZ BEM	**152**
UMA HISTÓRIA SOBRE COMO CONTAR UMA HISTÓRIA	**156**

A internet ainda engatinhava e os blogs começavam a ganhar popularidade quando Noah resolveu criar um aplicativo que permitisse a qualquer pessoa postar mensagens de voz nos blogs por meio de um telefone. Ele transformou o projeto em um negócio e convenceu o amigo Evan, que tinha acabado de vender a própria empresa de tecnologia por alguns milhões de dólares, a investir.

O amigo, que a princípio não queria se envolver para além do investimento inicial, topou assumir como CEO para botar o negócio em pé, já que, como empreendedor, Noah era um ótimo programador. O projeto evoluiu para um site de *podcasting* e a empresa conseguiu sair do vermelho.

Para crescer, eles começaram a contratar especialistas em programação, como Jack, um sujeito meio *nerd*, meio ativista. As coisas iam bem até um concorrente de peso entrar no ramo e acabar com a brincadeira. Em vez de fechar a empresa, no entanto, os rapazes mudaram seu foco de áudio para texto e tocaram o barco adiante.

Noah não se adaptou ao novo esquema e foi-se embora. Jack, cuja ideia genial havia salvado a empresa do destino da maioria das *startups* – a extinção –, assumiu como CEO. Evan ficou por perto, monitorando as coisas. Afinal, o dinheiro era dele.

Com o tempo, a relação entre os dois se desgastou, pois um não gostava do estilo de liderança do outro. Na queda de braço, Jack caiu, foi afastado e Evan ficou em seu lugar. Fim da história? Que nada! Como o mundo dá voltas, Jack esperou pacientemente, mexeu uns pauzinhos e, numa derrapada do ex-amigo, não só retomou o cargo como o colocou para fora da empresa. Estava vingado![89]

Para quem não adivinhou, este é um resumo de como surgiu o Twitter e da disputa entre seus cofundadores, Evan Williams e Jack Dorsey, pelo comando da empresa. Williams ganhou o primeiro *round*, em 2008, mas perdeu o segundo, em 2015. Dorsey continuou na liderança até novembro de 2021.[90] E o que a história do Twitter tem a ver com o assunto? Tudo. Não pelo Twitter, mas porque é uma história. E você não só leu até o fim como, aposto, ficou com vontade de saber mais.

Minha intenção, ao dar essa volta toda, é mostrar, na prática, o poder de atração e retenção contido em uma boa narrativa. Essa fome tão grande de consumir histórias está na essência da humanidade. Por isso os contadores, dos quais acabamos de falar, são tão importantes.

A questão que quero explorar agora é qual história eles contam, e como. Seguindo o mesmo raciocínio, quero ajudar a descobrir qual é a história que sua marca quer contar, quais são os caminhos disponíveis (os mais significativos, pelo menos) e quais são as formas de botar isso em prática.

Mas, antes de começar a falar de estilos, técnicas e conteúdos, gostaria de dar dois dedos de prosa sobre nossa paixão por histórias. Para mim, tudo é *storytelling* porque fazemos tudo contando uma história. Ao mandar um e-mail, o remetente se apresenta, contextualiza a mensagem, desenvolve o tema e se despede. Ou seja, contou uma história, mesmo que breve, naquele e-mail. Um perfil no LinkedIn é a história da vida profissional de determinada pessoa.

Assim como existem infinitas histórias a serem contadas, há inúmeras formas de contá-las. O ponto de vista do narrador faz toda a diferença, como vimos no Capítulo 5. O canal pelo qual a narrativa é transmitida, também. É a transmídia novamente em ação. Isso se aplica perfeitamente às redes sociais, pois cada uma pede um tipo diferente de narrativa.

Por exemplo, a revista *Forbes* publicou uma matéria sobre a minha empresa.[91] O que a gente faz quando acontece algo que nos deixa felizes? Corremos para compartilhar em nossas redes sociais. Pois bem, no LinkedIn dissertei sobre o poder do marketing de influência, números de mercado, projeção de faturamento das marcas e dos influenciadores para o ano de 2022 e indiquei o *link* da matéria para quem quisesse saber mais. Uma temática de negócios, de acordo com o perfil da rede.

No Instagram, abordei o assunto sob um viés completamente diferente. Postei uma foto minha segurando a revista com o seguinte comentário: "se sua tia perguntasse se você venceu na vida, qual foto você mostraria?". Não falei de mercado, números nem projeções. Fiz uma brincadeira, levando em conta o tipo de conteúdo que a audiência espera encontrar naquela rede.

A mesma história pode ser divulgada em diferentes canais, contada por pessoas distintas. Entender isso é meio caminho andado para explorar todo o potencial do que você quiser contar.

STORYTELLING 1.0 E 2.0

O *storytelling* tradicional, se usado com inteligência, é uma estratégia fantástica para criar conexão emocional e estabelecer vínculos com o público. Tamanho, nesse caso, não é documento. Não precisa ser uma narrativa elaborada, profunda, edificante. A maioria das campanhas se baseia apenas em uma história bem contada e funcionam bem.

Nesse sentido, uma ação que considero exemplar é a das embalagens personalizadas da Coca-Cola. A iniciativa já tem quase dez anos; começou em 2012, na Austrália, e se espalhou por oitenta países.[92] Ficou mais conhecida como a "latinha com nome" porque era só isso mesmo: uma lata (ou rótulo de garrafa) de Coca-Cola com nomes de pessoas – os mais populares, ou mais comuns, em cada país.

O mote da campanha não podia ser mais simples: *"Share a Coke"* (compartilhe uma Coca-Cola). Compartilhar com quem? Com a pessoa que tivesse o próprio nome escrito na latinha. Imagine as milhões de histórias que foram geradas? Vou contar uma, que me chegou aos ouvidos, sobre alguém que comprou o refrigerante porque a embalagem tinha o nome do colega de trabalho. O tal colega estava fora do escritório, mas a pessoa guardou a lata até ele voltar.

Em qual outra situação alguém guardaria uma latinha de Coca-Cola vazia para dar para um conhecido? O poder da marca em contar essa história foi tanto que a pessoa comprou uma unidade que não tinha o nome dela, guardou e colocou na mesa do colega como presente. Isso é um *storytelling* muito bem amarrado.

O propósito da campanha era fazer com que as pessoas quisessem ter uma embalagem de Coca-Cola com o próprio nome estampado. Só isso. É claro que houve um cuidadoso trabalho de marketing para dar suporte à ação. Mas o que acho mais importante nesse exemplo é que ele demonstra que *storytelling* simples e bem-feito funciona.

Infelizmente, porém, a estratégia de criar histórias também tem sido banalizada. Tudo vira narrativa. Quantos especialistas em *storytelling* apareceram nos últimos anos? É muita gente que dá aulas, faz discursos, posta textões nas redes sociais, garante entender tudo sobre contar histórias e estruturar narrativas. Mas quantas dessas pessoas conseguiram, de fato, ajudar uma marca, um cliente ou um consumidor com essas histórias?

Por isso, acredito que estamos em um momento de inflexão, no qual marcas que estão na vanguarda do marketing começam a entender que, para se aproximarem dos consumidores, elas precisarão ir além do *storytelling*. Por exemplo, partindo para o *storydoing*.

Storydoing é, basicamente, o *storytelling* vivo. É sair do discurso e partir para a ação. Se uma marca diz que quer ajudar a mudar o mundo, isso é *storytelling*. No *storydoing*, é preciso comprovar, na prática, que aquela narrativa é verdadeira.

Pense em uma empresa que defende a diversidade, a igualdade de oportunidades, a equiparação salarial para homens e mulheres na mesma função. No discurso, é lindo. Mas quantos funcionários negros, deficientes e LGBTQIA+ estão na folha de pagamento? Quantos ocupam uma posição de liderança? Qual é a política de contratações e de promoções?

É fácil levantar uma bandeira, com base em técnicas de *storytelling*, para "vender" uma história. *Storydoing* é outra coisa. É mostrar que 40% do quadro de funcionários é composto de pessoas que representam diversos grupos sociais, e que a marca quer contar a história delas.

Esta é a verdadeira evolução do *storytelling*, que podemos chamar de *storytelling* 2.0. O marketing tem virado as costas para esse formato, temendo que ele substitua a narrativa tradicional, na qual já se investiu muito tempo, dinheiro e esforço. No entanto, é perfeitamente possível que as duas formas caminhem em conjunto, pois são situações complementares. *Telling* e *doing* não precisam competir entre si. Sabendo usar, um pode potencializar o outro.

NOVOS FORMATOS

Storydoing é só o começo. Agora que a caixa de Pandora foi aberta, a criatividade deve multiplicar os formatos de narrativas. Vou detalhar três que já começaram a ser adotados, mas vem muito mais por aí.

DATA STORYTELLING

É a missão de contar histórias usando dados. Afinal, não adianta ter os números em mãos se eles não forem compreendidos e usados da forma mais proveitosa. O ser humano consegue entender e memorizar melhor uma informação se ela estiver atrelada a uma história. As estatísticas sobre casos e vítimas fatais da covid-19, pessoas com sequelas e percentual de vacinados contam a história da pandemia no Brasil. Por trás de cada número existe uma pessoa, uma família, uma história. Por trás do *data storytelling*, também. São os profissionais que trabalham em seleção, processamento e interpretação dos dados para que eles façam sentido.

STORYLIVING

É quando a marca fala em primeira pessoa, divide experiências com o público, chama os consumidores para compartilhar seu propósito e suas iniciativas. No *storyliving*, o consumidor é um elemento ativo que participa da história, opina sobre os caminhos a serem seguidos e interage efetivamente com a marca e com a comunidade. É o que acontece no mundo dos *games*: a pessoa pode ser jogador profissional, amadora, *streamer*, comentarista ou apenas fã. Mas não tem como "entrar no jogo" sem participar.

HAIKAI TELLING

Haikais são pequenos poemas românticos, de origem japonesa. Formados por apenas três versos, costumam usar linguagem simples para falar sobre coisas da natureza e do dia a dia. Pense neles como tuítes poéticos – uma comunicação veloz, direta e objetiva. Trata-se de um formato bem ao gosto das gerações mais novas, que buscam conteúdos reduzidos para serem consumidos rapidamente, e que aprenderam a contar histórias de maneira consolidada e resumida, quase telegráfica.

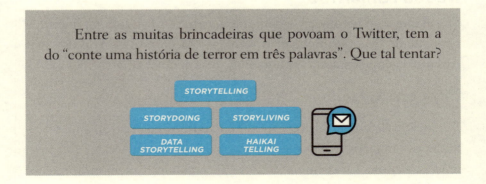

Entre as muitas brincadeiras que povoam o Twitter, tem a do "conte uma história de terror em três palavras". Que tal tentar?

STORYTELLING *EMOCIONAL*

Deixei este item por último porque não chega a ser uma categoria, está mais para uma propriedade que pode ser incorporada a qualquer um dos formatos anteriores. Como o nome deixa claro, diz respeito ao vínculo criado entre o público e a marca graças às emoções que a narrativa consegue despertar. Nas palavras do pastor Carl W. Buehner, "as pessoas esquecerão o que você disse, esquecerão o que você fez, mas nunca esquecerão como você as fez sentir".

A Disney é *benchmark* nesse tipo de narrativa (que, além de tudo, é transmídia). Filmes, séries, desenhos, espetáculos, parques, cruzeiros temáticos, *resorts*... tudo vira um *show* de sensações e experiências inesquecível.

O mesmo vale para o Cirque du Soleil: cada apresentação não é apenas uma sequência de mini *shows* estonteantes. Eles contam uma história, estimulando os sentidos do público de maneira única. Não é possível não se encantar.

Um terceiro exemplo é a icônica Harley-Davidson, já mencionada anteriormente. Muito além de uma fabricante de motocicletas, a marca tornou-se símbolo de um estilo de vida que preza a liberdade individual com um toque de rebeldia. Ela é uma das poucas que conseguiram criar um *lifestyle* aspiracional em torno de si, tornando-se o que chamamos de *social branding* (marca social), ou seja, que pertence a seus consumidores mais do que à própria empresa.

Por último, quero apresentar (para quem não conhece) um exemplo incrível de *storytelling* na propaganda, a campanha "Deslançamento da Kombi". Uma ação criada pela AlmapBBDO para anunciar que a Kombi, após 63 anos de serviços prestados, estava saindo do mercado para sempre. Conto a história da campanha e seus bastidores no fim do capítulo. Agora, é hora de pôr as mãos à obra.

COMO DESCOBRIR A HISTÓRIA QUE VOCÊ TEM PARA CONTAR

Antes de começar a fazer planos, a primeira coisa é descobrir se a marca realmente precisa contar uma história. Às vezes, simplesmente não é o caso. No varejo, em geral o apelo mais forte é o do preço baixo, e está ótimo assim. Por anos, o *slogan* do hipermercado Extra foi "Mais barato! Mais barato! Mais barato!", e o recado estava dado. Sem romantização, comunicação direta ao ponto.

Vamos, então, descobrir se sua marca precisa ou não de *storytelling*. Faça seu caminho na imagem a seguir:

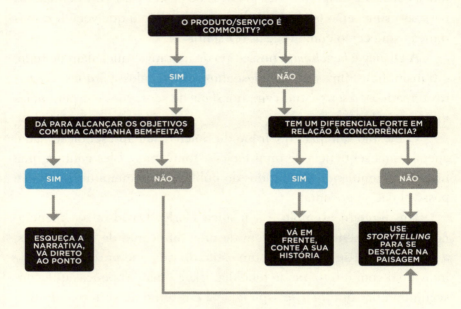

Se, ao percorrer todas as etapas, você chegou à conclusão de que o seu negócio não é um caso de *storytelling*, pode pular daqui para o fim do capítulo (embora eu recomende que você continue lendo, pois acredito que gostará). Mas se o resultado deu positivo, então a grande pergunta é: qual história a sua empresa/marca/negócio tem para contar?

Essa questão não se resolve com um bom *slogan* ou uma sacada esperta anunciada na mídia. Isso pode ser uma boa campanha, mas não é uma narrativa. Marcas precisam de histórias justamente para se diferenciarem dos concorrentes, despertando gatilhos que gerem empatia e interesse por parte do público e vínculo com a marca. É preciso ir fundo e, como diz uma expressão popular entre os marqueteiros, *"walk the talk"* (algo como "fazer o que você fala").

Isso posto, listei sete caminhos que podem ajudar líderes de comunicação e marketing a descobrir qual história a marca quer, pode ou deve contar. São eles: história e tradição, emoção, ponto de vista do cliente, modo de produção, propósito, tamanho e envolvimento.

CAMINHO 1: HISTÓRIA E TRADIÇÃO

O ponto de partida é pensar na linha do tempo da empresa/marca. Pode ser que a história, em um primeiro momento, não pareça tão empolgante – nem todas são emocionantes desde o início –, mas é preciso encontrar elementos sedutores, envolventes, que consigam trazer vida à narrativa. As perguntas a seguir vão ajudar o gestor a criar uma narrativa focada no caminho 1:

- Como o negócio surgiu? Foi um sonho? Uma oportunidade?
- Qual era o propósito dos fundadores quando abriram a empresa e/ou lançaram a marca?
- Quais dificuldades ou obstáculos precisaram ser superados nesses primeiros tempos?
- Quem (ou o quê) serviu de inspiração na hora de encontrar soluções para esses desafios?
- Quais problemas o consumidor tinha e que levaram a empresa a criar o produto ou serviço que ela oferece?
- Há ligação entre o propósito do produto ou serviço e os valores adotados pela empresa?

Tudo isso pode render uma narrativa à qual se consegue acrescentar um toque de emoção a fim de criar um *storytelling* focado em história e/ou tradição. A Bauducco adotou essa linha de ação e tem sua estratégia de comunicação centrada na história da família, das receitas e dos produtos que fabrica. Uma única sacolinha da marca traz impressa as histórias do pioneiro Carlo Bauducco, do Pani di Toni, do pão doce e da massa madre que é a base dos panetones. Vale a pena ler um desses textos, que foi reproduzido em uma embalagem da marca:

Um sonho irresistível
De Turim a São Paulo

Os olhos de Carlo Bauducco já buscavam novos horizontes quando brilharam com as histórias vindas do Brasil. E a ideia de trazer para São Paulo sua receita de família da região de famosos confeiteiros era de dar água na boca. Sr. Carlo chegou em São Paulo, em 1948, trazendo máquinas e um confeiteiro especializado em panettone. Logo vieram sua esposa, Margherita, e seu filho Luigi para ajudar. Com a família unida, cuidando dos negócios com carinho, o bolo de Natal dos Bauducco não demorou para conquistar a freguesia por aqui.

CAMINHO 2: EMOÇÃO

O apelo emocional é elemento-chave na construção de boas histórias. Não estou falando apenas de levar o público às lágrimas mas também de provocar riso, compaixão, admiração e até repulsa – *vide* as imagens estampadas nos maços de cigarro para desestimular o consumo. As questões que podem ajudar você a trilhar esse caminho são:

- Comece identificando qual é a necessidade do consumidor que procurou a marca. Aumentar a autoestima? Simplificar a vida? Alegrar o dia a dia?
- Como esses sentimentos/necessidades se relacionam com a história, os valores ou o propósito da empresa?
- Quais resultados o consumidor vai obter ao utilizar aquele produto? Como ele provavelmente se sentirá ao atingi-los?

Os sentimentos gerados na audiência tornam a criação de vínculos muito mais fácil, pois o público vai associar aquela emoção despertada à marca e a seus valores e propósitos. Emoção é a forma mais eficiente de conexão.

Em 2012, faltando cem dias para a abertura dos Jogos Olímpicos de Londres, a Procter & Gamble veiculou "Obrigado, Mãe", a maior campanha global nos 174 anos da empresa (até aquela data).[93] A ação foi lançada simultaneamente em todo o mundo, com o filme *Best Job* [o melhor emprego], um curta-metragem que mostrava o amor, a dedicação e o apoio das mães aos filhos atletas, desde a infância.

Parceira oficial do Comitê Olímpico Internacional (COI), a companhia encerrou a peça com a assinatura "P&G, patrocinadora oficial das mães". O filme gerou comoção global. Se você ainda não conhece, assista. E segure as lágrimas, se conseguir. O tema "Obrigado, Mãe" foi retomado na Olimpíada do Rio de Janeiro, em 2016, e na de Tóquio, em 2021, na vez desta com o mote "Sua bondade é sua grandeza", também focado em pais e mães de pessoas que, além de atletas, são exemplos de vida.

CAMINHO 3: PONTO DE VISTA DO CLIENTE

Nesse tipo de narrativa, o cliente é a principal fonte de inspiração para a construção da história. É imprescindível conhecer a fundo o público-alvo, suas dores e expectativas em relação ao produto. Para isso, descubra:

- Quais necessidades do cliente a marca resolve?
- Quais são as preferências desse consumidor que despertaram seu interesse em adquirir o produto ou serviço?
- O que o cliente espera receber em termos de benefícios ao optar por aquela marca?
- Quais fatores fariam esse cliente trocar sua marca pela do concorrente?
- O que faria a pessoa se sentir encantada a ponto de recomendar o produto?

É muito mais fácil construir uma narrativa que consiga cativar o consumidor quando a marca se coloca no lugar dele e entende os motivos pelos quais o cliente se dispõe a experimentá-la – quer dizer, quais problemas ele espera que sejam resolvidos.

Serviços financeiros costumam utilizar essa abordagem em sua comunicação. Voltando ao exemplo do Nubank, o banco se destaca por simplificar processos, abolir taxas e colocar atendentes de verdade para falar com os clientes. Ele se colocou no lugar dos clientes, que sofriam com excesso de burocracia, cobranças por serviços simples e SACs automatizados que desafiavam a paciência da maioria dos que buscavam atendimento. Não é à toa que, mais do que clientes, o Nubank tem fãs.

CAMINHO 4: MODO DE PRODUÇÃO

O processo de produção pode render ótimas histórias, que não só satisfazem a curiosidade do cliente como geram confiança no produto e, dependendo da narrativa, também despertam um lado emocional. A narrativa fica ainda mais rica quando se inclui as histórias de pessoas que trabalham para que aquele produto chegue às mãos do público. As reflexões que ajudam a definir um roteiro são:

- Seu produto é desenvolvido em linha de produção?
- Existe um time especial que cuida de alguma etapa?
- Quais são os impactos da comunidade local que se beneficia com essa fabricação?
- Tem alguma curiosidade na esteira de fornecedores que pode ser reforçada?
- A mão de obra é especializada?
- Os insumos percorrem um caminho até chegar à sua empresa? Como esse ecossistema é impactado positivamente?

Meio institucional, meio de utilidade pública, a campanha da Johnson & Johnson sobre a vacina contra a covid-19 usou esse recurso de modo muito eficiente para falar de um produto que nem é vendido diretamente ao público. Eles criaram uma série de vídeos intitulada *O caminho até a vacina* (*The Road to a Vaccine*, no original, em inglês), apresentada pela jornalista Lisa Ling.[94]

Ao longo dos episódios, cientistas e executivos da empresa explicam como é o processo de pesquisa, desenvolvimento e produção de vacinas, além de abordar temas como saúde mental, reabertura das escolas e disparidades raciais.

O cerne do projeto é a ciência por trás das vacinas, mas ele também desempenhou um papel informativo ao esclarecer dúvidas da população (especialmente nos primeiros meses da pandemia). Principalmente ao desmistificar o processo de produção, os vídeos ajudaram a reforçar a confiabilidade dos imunizantes.

CAMINHO 5: PROPÓSITO

Grandes histórias são contadas com base no propósito da marca – sua missão, seus valores, quais causas defende, aonde ela quer chegar. Mais recentemente, o caminho do propósito tem enveredado por uma abordagem ligada a sentimento. Se esse é o caminho que deseja seguir, pergunte-se:

- Sua empresa apoia causas que mudam a comunidade?
- Como os colaboradores veem essa cultura colaborativa e seus impactos?
- De quando a empresa surgiu até hoje, muitas vidas foram transformadas?
- Seu cliente é beneficiado por meio desses propósitos internos?

A Tesla foi criada em 2003 por um grupo de engenheiros (do qual fazia parte o bilionário Elon Musk) que queria projetar e fabricar veículos totalmente elétricos. Com o tempo, o propósito foi se tornando mais ambicioso: acelerar a jornada rumo ao transporte sustentável; depois, viabilizar a produção de energia limpa; e, em última instância, criar produtos ecológicos para salvar o planeta.

Com um propósito dessa envergadura, seria fácil cair na armadilha do discurso sem suporte. Mas a Tesla é uma companhia que leva o *walk the talk* a sério. Além de carros e caminhões movidos a eletricidade, a empresa investe em projetos de armazenamento de energia, produção de painéis solares e na venda de componentes elétricos, como baterias industriais de lítio-íon.

"A Tesla acredita que, quanto mais rapidamente o mundo deixar de depender de combustíveis fósseis e passar para um futuro de zero emissões, melhor. [...] Os automóveis elétricos, as baterias e a produção e o armazenamento de energia renovável já existem de forma independente, mas, quando combinados, tornam-se ainda mais poderosos

– é esse o futuro que queremos", diz o site da empresa.[95] Precisamos reconhecer que é um belo propósito – e uma ótima história.

CAMINHO 6: TAMANHO

É uma opção que funciona para qualquer tipo e porte de empresa, desde um comércio local, que enfatiza a produção caseira ou o atendimento personalizado, até uma grande corporação, que apresenta soluções globais ou coloca uma grande equipe à disposição dos clientes.

Basear a narrativa no tamanho da empresa – se é micro, média, grande, nacional, multinacional, focada em um produto ou parte de um conglomerado gigante – sempre é um bom caminho. Sem vergonha por ser pequeno e sem demérito por ser grande. O negócio é destacar como esse ativo gera valor para o cliente, seja pela exclusividade (no caso dos pequenos), seja pela escala (no caso dos grandes). Para começar, responda:

- Seu produto é feito manualmente ou via produção em escala?
- Qual é a história dos funcionários que participam ativamente da construção do produto?
- Sua empresa emprega muitas pessoas? Isso reflete na comunidade?
- Sua história como microempreendedor inspirou outras pessoas?
- Como você projeta o crescimento e a expansão futuros?
- A sua multinacional que chegou ao país está contribuindo para a sociedade local?

Temos exemplos de empresas que se valem da narrativa de serem grandes para mostrar sua parceria com clientes pequenos, em uma espécie de *cross storytelling*. A Stone, *fintech* brasileira de meios de pagamento (aquela da "maquininha" verde), tornou-se uma gigante do setor em apenas sete anos, oferecendo serviços para microempreendedores.

O dono do mercadinho, a manicure ou o rapaz que faz manutenção de computadores consegue receber pagamentos via diversas bandeiras de cartão de crédito, vale-alimentação e Pix; conta com atendimento rápido e ininterrupto (tido como referência no mercado) por telefone ou presencial; e pode ainda usar serviços via aplicativo. Assim, a Stone se vale de sua grande estrutura para atrair pequenos negócios que, por sua vez, passam a atender melhor os próprios clientes. É claro que, na prática, nem tudo é perfeito. Como história, no entanto, é nota 10.

CAMINHO 7: ENVOLVIMENTO

A narrativa de envolvimento se baseia em como o consumidor usa o produto ou serviço e que diferença ele faz na vida da pessoa. É um caminho mais difícil, pois exige que se busque a essência do produto, seu impacto nos indivíduos e na comunidade, além do propósito inicial da marca. As perguntas a seguir funcionarão como norte:

- Você tem relato de algum cliente que transformou a própria vida consumindo/utilizando o seu produto?
- Seu serviço foi pensado para gerar impacto em comunidades?
- As pessoas procuram seu produto para alcançar algum propósito na vida?

O Facebook lançou a primeira campanha no Brasil em 2019, na qual apresenta histórias reais de pessoas de diferentes realidades que se juntam a partir de interesses e experiências por meio dos grupos do Facebook.[96]

A atividade principal, a rede social, é conexão. A narrativa explora o que essa conexão gerou ou de que modo ela envolveu o usuário em outras esferas para além das postagens, curtidas e comentários. Conectar-se ao Facebook e, a partir dessa conexão, encontrar um relacionamento, viajar, aprender, estudar – isso é envolvimento.

Deu para perceber que esses formatos podem se misturar de diversas maneiras, certo? Propósito com modo de produção, tradição com tamanho, ponto de vista do cliente com envolvimento. A abordagem emocional, então, combina com qualquer caso.

Você se encaixa em algum deles? Se a resposta for sim, então em algum lugar tem uma narrativa esperando para ser criada. O desafio é encontrar os gatilhos, as respostas e a inspiração para começar a contar sua história.

APRENDENDO COM QUEM NÃO FEZ BEM

Diz a sabedoria popular que o caminho do inferno é pavimentado com boas intenções. Muitas ideias que pareciam ótimas se mostraram desastrosas ao se concretizarem. É bom se inspirar no que deu certo, mas é melhor ainda ficar atento ao que pode dar errado – e raras vezes lemos histórias do que não funcionou. Obviamente, não é possível pensar em tudo. Então preste atenção, pois a derrapada pode vir de onde menos se espera. Vejamos, então, alguns exemplos em que o tiro saiu pela culatra.

ERRO 1: FALTAR COM A VERDADE

Esses casos costumam ser abafados ou cair no esquecimento, mas o do Suco do Bem ficou famoso. Em 2014, o Conselho Nacional de Autorregulamentação Publicitária (Conar) abriu um processo contra a empresa após receber uma denúncia de que ela usava um personagem falso para divulgar seu produto. A história contada nas embalagens era de que as laranjas do seu suco vinham da fazenda do senhor Francisco, no interior de São Paulo. Só que o senhor Francisco nunca existiu.

A marca se defendeu argumentando que o personagem representava todas as centenas de pequenos produtores que forneciam as frutas para a fabricação dos sucos. Seria uma boa saída, se eles tivessem deixado claro, desde o início, que se tratava de uma "liberdade poética", por assim dizer. Não há problema em criar uma história fictícia, desde que o público saiba que aquilo foi inventado.

ERRO 2: ADOTAR DISCURSO QUE NÃO CORRESPONDE À PRÁTICA

No meio publicitário, o caso é conhecido como "Audi desgovernado". Em 2017, a montadora alemã Audi gastou uma fortuna para veicular um comercial de sessenta segundos no Superbowl (a final do campeonato de futebol americano, um dos espaços publicitários mais caros do mundo) que falava do seu comprometimento com a igualdade salarial. Um filme institucional, no qual o carro praticamente não aparece.

Não demorou muito para vir a público que a empresa que estava pregando salários iguais não tinha nenhuma mulher no seu conselho de administração, e que só 16% dos membros da diretoria eram do sexo feminino. Um percentual abaixo da média das quinhentas maiores dos Estados Unidos, listadas pela revista *Forbes*, (20%) e bem menor do que o da concorrente BMW (30%).[97] A repercussão foi extremamente negativa, chegando a impactar o preço das ações da companhia. Caso típico de "faça o que eu digo, não o que eu faço". Pegou mal.

ERRO 3: TRATAR TEMAS SÉRIOS DE MANEIRA LEVIANA

Em 2020, durante a primeira onda do Black Lives Matter, nos Estados Unidos, a Pepsi achou que seria uma boa ideia pegar carona nas manifestações contra o racismo que tomavam as ruas do país, gerando até confrontos entre manifestantes e policiais. A marca escalou a "Kardashian" Kendall Jenner para estrelar um comercial no qual a garota, bem no meio da confusão, estende uma Pepsi para o policial e, de repente, tudo vira paz e amor.

Como era de esperar, choveram críticas de todos os lados e a campanha, que seria veiculada no mundo todo, na TV e no digital, saiu do ar em menos de vinte e quatro horas. A marca se apressou a pedir desculpas, alegando que a intenção era passar uma mensagem de união, paz e compreensão. "Claramente erramos o tom e pedimos desculpas. Não tínhamos a intenção de menosprezar um assunto sério", disse a empresa em um comunicado oficial.[98]

À época, publicitários de alto calibre argumentaram que faria mais sentido documentar algum ato significativo que Kendall Jenner tivesse feito pela causa, em vez de mostrá-la em uma situação totalmente fantasiosa diante de um contexto tão sensível. A Pepsi, inclusive, se desculpou com a influenciadora por tê-la colocado naquela posição.

Ao querer resolver uma questão social de maior gravidade com uma latinha de refrigerante, a marca perdeu uma grande oportunidade de contribuir com algo mais consistente do que um comercial completamente fora de tom.

O PODER DO *STORYTELLING* DO *STREAMING*

No Brasil, país que produz as melhores novelas do mundo, falar do poder da narrativa é praticamente chover no molhado. A telenovela é um aspecto importante da nossa cultura. Domina conversas, populariza expressões, lança modas.

Talvez por estarmos tão habituados a esse formato, o *streaming* de vídeo faça tanto sucesso por aqui. Passamos em média 1 hora e 49 minutos por dia ligados nesses conteúdos, além de estarmos acima da média global em termos de assinaturas: 65% dos adultos brasileiros têm pelo menos um serviço de *streaming*, contra 56% da média mundial.

E haja opções para manter o telespectador grudado na telinha. Dê uma olhada nesses números, divulgados pela Visual Capitalist:[99]

- Com 204 milhões de assinantes, a Netflix é a maior plataforma de *streaming* de vídeo do mundo, à frente da Amazon Prime (150 milhões) e da Tencent Video (120 milhões);
- Se alguém se dedicasse, vinte e quatro horas por dia, sete dias por semana, a maratonar as mais de 36 mil horas de conteúdo da Netflix, levaria quatro anos, dois meses e oito dias para zerar o catálogo da plataforma;
- Nesse tempo, daria para ir e voltar da Terra até a Lua 256 vezes;
- Em um ano, o usuário médio da Netflix consegue assistir a cerca de 2% do catálogo da plataforma.

www.economiadainfluencia.com.br

O total de títulos disponíveis na plataforma passa dos 13 mil, mas a empresa não detém os direitos de exibição desses conteúdos para todos os mercados em que atua (menos, é claro, no caso das próprias produções). Por isso, o acervo varia de país para país. Nos Estados Unidos, por exemplo, há mais de 5 mil títulos disponíveis. No Brasil, são cerca de 3,8 mil

Ainda assim, é muita coisa. São milhares de histórias a que as pessoas podem assistir quando e como quiserem. Pode ser um filme ou três. Um episódio de série ou uma temporada inteira. De fato, a Netflix foi a responsável por uma grande inovação no entretenimento audiovisual: o lançamento de todos os episódios de uma só vez, seja uma minissérie com cinco capítulos, seja uma temporada com vinte. E isso faz toda a diferença.

Antes disso, o padrão era transmitir um episódio por semana ou por dia (no caso das telenovelas), com um "gancho" para levar o espectador a voltar de novo e de novo, sempre sedento por saber o que vem depois. Os fãs de *Lost* que acompanharam a primeira temporada da série, entre 2004 e 2005, passaram quatro meses enlouquecidos esperando para descobrir o que, afinal, tinha naquela escotilha.

O gancho, a propósito, é um recurso narrativo clássico. Vem desde o século XIX, quando escritores franceses começaram a publicar romances em capítulos nos jornais, os chamados folhetins. Alexandre Dumas (pai) pagava as contas esticando ao máximo as aventuras dos *Três mosqueteiros* e do *Conde de Monte Cristo*. *Os miseráveis*, de Victor Hugo, foi publicado capítulo por capítulo. Grandes nomes da nossa literatura, como Joaquim Manuel de Macedo, José de Alencar e Machado de Assis fizeram a mesma coisa.

O *streaming* de vídeo não reinventou a narrativa, só mudou a forma de empacotá-la. Do mesmo modo que os folhetins de antigamente viraram livros que podem ser lidos de uma só vez (e alguns são quase impossíveis de largar), as séries passaram a ser

CAPÍTULO 8 **155**

> liberadas com todos os episódios, alterando o comportamento de consumo desses conteúdos. As pessoas começaram a fazer *binge watching*, ou, como dizemos por aqui, a "maratonar", assistindo a vários episódios, ou todos, de uma só vez. Imagine passar quatro, cinco horas em frente à TV. É o poder do *streaming* como contador de histórias.

UMA HISTÓRIA SOBRE COMO CONTAR UMA HISTÓRIA

Até 2021 ainda se viam muitas kombis rodando pelas ruas e estradas do Brasil. A última unidade do modelo no mundo saiu da linha de produção da fábrica da Volkswagen, em São Bernardo do Campo, em 2013, mais de seis décadas após o lançamento. Uma vida longeva, em se tratando de um modelo de veículo de quatro rodas.

Para fechar com chave de ouro essa trajetória, a montadora resolveu lançar uma edição especial para colecionadores, a kombi last edition. Seriam apenas seiscentas unidades, que custariam o dobro do modelo comum.

Coube à AlmapBBDO, agência da Volkswagen desde 1956, pensar em um jeito de cumprir a missão passada pelo cliente. As ideias saltaram como pipoca na panela: desde mandar a kombi para o céu, transportada por um dirigível, até inscrevê-la no Prêmio Nobel da Paz, já que ela foi um dos símbolos da geração paz e amor.

A sugestão que vingou foi criar um testamento no qual a kombi, ao expressar seus últimos desejos, contasse a sua história e a de alguns personagens que tiveram uma relação marcante com o veículo. Histórias reais de gente de verdade. Mas como achar essas pessoas? Ora essa, com um anúncio!

Assim começou a campanha, com uma peça de mídia impressa anunciando o "deslançamento" e convidando o público a mandar, para um site, textos, fotos e vídeos contando um pouco da sua relação com a kombi. Entre as centenas de histórias enviadas, uma dúzia foi selecionada para que seus protagonistas fossem homenageados, e quatro delas fizeram também parte do filme de despedida.

Com base nesses relatos, foi criado o "testamento" da kombi, publicado na revista *Veja* e no jornal *O Estado de S. Paulo*. O texto trazia os quinze últimos desejos do veículo, mencionando o nome de cada um desses personagens e revelando seu desejo final: voltar para casa.

> É, meus amigos, eu não tenho do que reclamar. Vi de tudo, trabalhei muito. Já fui perua escolar, ambulância, barraca de frutas e até viatura de polícia. Eu conheço esse país como os sulcos das minhas rodas. Mas nem eu sabia que era tão querida.
>
> Desde que anunciaram que eu não seria mais fabricada, tenho recebido declarações de todas as partes do Brasil – e do exterior. Gente que entrou no meu site vw.com.br/kombi e me fez relembrar histórias maravilhosas, que me deixaram com os faróis rasos d'água.
>
> Por isso, decidi que não posso ir embora sem retribuir de alguma forma a essas pessoas tão especiais, que fizeram parte da minha vida.
>
> Escrevi uma lista com meus últimos desejos, que gostaria de ver realizados antes de partir. Minha humilde homenagem a quem sempre esquentou o meu coração e o meu banco do motorista.
>
> 1) Para Carlos Alberto de Valentim, o "Seu Nenê", que me levou para ver a Seleção Brasileira jogar mundo afora, deixo minha calota autografada pelo Rei Pelé.
> 2) Para Marco Rebuli, que fundou o meu fã-clube mais antigo de que se tem notícia, ainda em atividade no Brasil, deixo uma placa de bronze homenageando seu feito.
> 3) Para Amilton e Maíra Navas, casal que se conheceu no caminho da escola, dentro de mim, deixo uma miniatura de Kombi Escolar puxando latinhas de recém-casados.
> 4) Para Bob Hieronimus, artista plástico que me fez ficar famosa entre os hippies do mundo inteiro, deixo um bloco especial de desenho, no meu formato.

5) Para Jason Rehm, que mora dentro de mim com sua família, deixo um capacho estampado com meu rosto, para ser colocado na entrada de sua casa. (no caso, minha porta).
6) Para Noel Villas Bôas, em nome de seu pai, o sertanista Orlando Villas Bôas, que rodou o Brasil comigo, deixo uma réplica daquele modelo, feita em barro, representando a lama que enfrentamos juntos.
7) Para Eduardo Gedrait Pires, dono da Kombi que provavelmente é a mais antiga fabricada no Brasil, deixo o álbum de fotos com a história de nossa família.
8) Para Hamilton de Lócco e Jahir Eleuthério, que me transformaram em um sebo móvel, deixo meu livro de cabeceira: meu último Manual do proprietário.
9) Para Valdir Gomes de Souza, que perdeu seu primeiro brinquedo – uma Kombi azul em miniatura –, deixo uma nova Kombi azul em miniatura, lindinha.
10) Para Franck Köchig e Iris, que deram a volta ao mundo comigo, deixo meu hodômetro com a maior quilometragem possível: 999999.
11) Para Rolando "Massinha" Vanucci, que montou uma cantina italiana dentro de mim e hoje tem restaurante, lojas e continua prosperando, deixo forminhas de ravióli no meu formato.
12) Para Mirian Maia, que nasceu dentro de mim, deixo uma réplica do meu primeiro esboço. Como eu era quando nasci.
13) Para todos os meus amigos e fãs, deixo um livro digital gratuito, com as lindas histórias que recebi nos últimos meses pelo meu site.
14) Para minhas parentes, Kombis de diferentes épocas, deixo um encontro a ser realizado na minha fábrica.
15) E, finalmente, meu último desejo: voltar para casa.

A campanha foi encerrada com um documentário de quatro minutos que, segundo a agência, levou seis meses para ser finalizado.[100] Além dele, foram realizados seis minidocumentários, publicados no site, que mostravam os "beneficiários" recebendo a parte que lhes cabia da "herança". Sim, todos receberam os presentes citados no testamento!

No filme de despedida foram contadas algumas dessas histórias. A produção também foi até Baltimore, nos Estados Unidos, para mostrar a entrega do presente ao *designer* Bob Hieronimus. O filme termina com um encontro, na Holanda, com o "irmão" Ben Pon Jr., filho do criador do modelo (já falecido). O último desejo da kombi é, assim, realizado – voltar para casa.

No fim, o que era para ser uma campanha modesta virou uma ação que impactou cerca de 35 milhões de pessoas, gerou 14 milhões de reais em mídia espontânea e recebeu mais de cinquenta prêmios em festivais nacionais e internacionais. Mais que isso, apelou para a paixão do brasileiro por carros, reforçando a imagem de uma marca que faz parte de nossa vida – e que vendeu 1.200 unidades da edição especial, o dobro do planejado.[101] Isso é que é final feliz.

CAPÍTULO

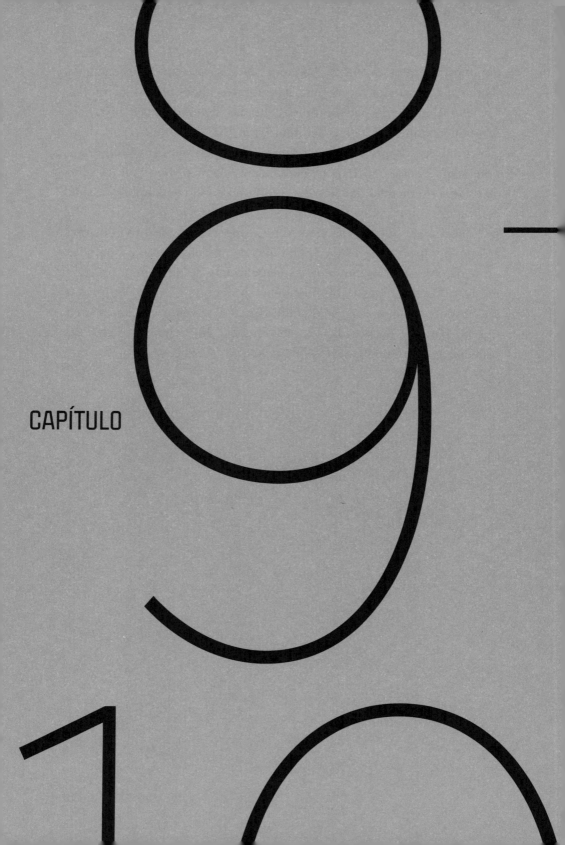

INFLUENCIADORES COMO COCRIADORES

MAIS QUE CRIATIVOS, EXECUTIVOS **164**
QUAIS VANTAGENS MARIA LEVA? **168**

Está na moda contratar influenciadores para pensar, com as marcas, em como apresentar as histórias que elas querem contar, além de como criar conteúdos que envolvam e engajem o público. Se isso é um movimento que veio para ficar ou não, o tempo dirá. De minha parte, sou defensor da cocriação e busco estimular essa prática quando desenvolvemos projetos na agência.

Ao entrar nessa onda, as marcas buscam aproveitar aquilo que os influenciadores têm de mais valioso: sua comunidade, seu conhecimento sobre o melhor formato de conteúdo, sobre o que emociona seus seguidores, o que os diverte, o tom certo da piada, a linguagem que funciona melhor com aquela audiência.

No entanto, nem todas as marcas estão prontas para cocriar com influenciadores, e vice-versa. Por isso, é importante evitar a banalização não apenas do termo, mas do próprio processo. Ele só funciona bem quando é feito corretamente. Se a marca enxerga o influenciador apenas como uma linha da planilha de mídia, ela não está pronta para trabalhar em conjunto.

Para cocriar, os dois lados precisam estar presentes por inteiro. A marca deve estar aberta a ouvir, e o influenciador deve se mostrar disposto a se doar. Falo por experiência. Já vi campanhas em que a marca dizia querer cocriar, mas não se dispunha a conversar com o parceiro. Desse jeito, não é possível dar certo. Como qualquer processo criativo de comunicação, a cocriação é uma via de mão dupla, de troca entre as partes.

Falando do ponto de vista do anunciante, o melhor dos mundos é trabalhar com um parceiro que tenha a capacidade de se posicionar como uma marca pensando para outra marca. Complicado? Nem tanto. Você deve se lembrar de que já dissemos que grandes influenciadores se transformam, eles mesmos, em marcas.

Pense em Cristiano Ronaldo, Beyoncé, Neymar Jr., Anitta, Ivete Sangalo – todos eles, e mais uma grande fila de outros nomes, são marcas de si mesmos. Dá para imaginar o que é possível fazer se juntarmos a força dessas marcas-persona à de marcas-empresa? No mínimo, a experiência da cocriação se torna muito mais valiosa.

Um exemplo que ilustra bem esse tipo de trabalho "em dupla" foi a ação da Colcci para divulgar a coleção verão 2020/2021.[102] A marca de moda não se limitou a contratar Bruna Marquezine para estrelar a propaganda. Ela chamou a atriz para atuar na direção criativa da campanha, inclusive com a própria Bruna se fotografando. Outra parte das fotos foi feita remotamente, por uma fotógrafa profissional.

As imagens foram clicadas na casa de Bruna, no Rio de Janeiro, e misturavam fotos tiradas com equipamento digital e analógico (sim, aquelas máquinas que usavam filme fotográfico). As roupas eram da Colcci; as ideias, de uma das *top 10* influenciadoras do Brasil. Na época, o diretor de marketing da empresa disse que considerava aquele trabalho uma das campanhas mais importantes da marca.

Essa é uma boa forma de aproveitar o talento e a visibilidade de influenciadores para fazer comunicação de marca, mas não a única, nem mesmo a mais utilizada. O grande lance, como apontei, é aproveitar o conhecimento, a experiência e os *insights* desses criadores para construir uma comunicação de sucesso.

Vou usar como exemplo um projeto que fizemos para o uísque Johnnie Walker, no qual os parceiros entraram só como cocriadores. Buscamos influenciadores em diversos segmentos – como fotografia, moda, arte, música – que ajudaram a bolar ações de comunicação por determinado período. Era o Comitê Criativo Johnnie Walker.

Vamos supor que o comitê fosse encarregado de montar uma estratégia de comunicação para o festival Lollapalooza. Cada um trazia referências, *insights*, experiências e ideias em sua área de especialização, como cenografia, identidade visual, brindes... Eles não precisavam gerar conteúdo para a marca nas redes sociais. Seu papel era pensar, não postar.

Outro exemplo, esse do setor financeiro, é o C6 Bank. Nascido no ambiente digital, o banco investe em parcerias com criadores de conteúdo das mais diversas áreas. São cerca de cem *influencers* que falam com e para todo tipo de audiência. Segundo o marketing do próprio banco, esses influenciadores são encarados não como elementos de publicidade, mas como parceiros na tarefa de comunicar e explicar os produtos e serviços do C6 para suas comunidades.

O Itaú adotou a mesma abordagem, trazendo *influencers* para colaborar na criação de ações para conquistar o público. Um desses influenciadores, o ator e humorista Paulo Vieira, ajudou a criar uma campanha para venda de consórcio. Ele mesmo apareceu em comerciais na mídia e publicou, em suas redes sociais, posts nos quais escondia a palavra consórcio em diversas situações, seguindo o mote da campanha.[103] Nesse caso, ele cocriou e estrelou parte da ação.

MAIS QUE CRIATIVOS, EXECUTIVOS

Enquanto muitas marcas ainda hesitam (ou nem cogitam) em trabalhar no esquema de cocriação, outras foram além e passaram a chamar personalidades de peso nas redes sociais para assumir posições de liderança criativa dentro das empresas. Para ficar nos exemplos mais famosos, temos Anitta, com Skol Beats e Nubank; Marina Ruy Barbosa, com Arezzo; Iza, com Olympikus; ou Manu Gavassi, com Diageo (para o gim Tanqueray).

Existe muito marketing nisso tudo, obviamente — o crachá, o novo funcionário, a líder de criação etc. Mas há todo um propósito por trás do burburinho que isso gera. É claro que a celebridade não foi contratada para bater ponto todo dia na firma. Seu papel é contribuir na tomada de decisões estratégicas, com base no seu *background*, no seu talento e, evidentemente, na sua popularidade.

A atriz Marina Ruy Barbosa já desenhava joias para a Vivara e tinha lançado a própria marca de moda, a Shop Ginger, quando foi convidada pela Arezzo para ser diretora de moda da ZZ Mall, plataforma de comércio eletrônico que reúne as 37 marcas do grupo (como Vans, Reserva, Schutz, Fiever e Anacapri, entre outras).

Seu trabalho vai muito além de ajudar na criação de campanhas: inclui curadoria e direção criativa do conteúdo publicado no *marketplace* e nas redes sociais do ZZ Mall, *branding* e construção de marca. Quem acha que Marina é só mais um rosto bonito e com bom gosto para roupas está muito enganado. A atriz tem se mostrado uma excelente empresária.

Outro caso que vale a pena comentar, pelo peso do universo *gamer* no mundo do entretenimento, é a contratação de Bruno Goes como líder criativo de *games* da Casas Bahia. Para quem não conhece, "Nobru" (seu nome artístico) foi escolhido, em 2019, como melhor jogador mundial de Free Fire — um dos *games* mais democráticos e mais baixados globalmente.[104]

✓ SE A MARCA ENXERGA O INFLUENCIADOR APENAS COMO UMA LINHA DA PLANILHA DE MÍDIA, ELA NÃO ESTÁ PRONTA PARA TRABALHAR EM CONJUNTO.

@flavinhosantos

O que uma rede de varejo, conhecida por vender móveis, eletrodomésticos e eletrônicos, quer com um *gamer* de primeira linha? Ampliar sua presença em *games*, um dos mercados de maior expansão em termos de público e faturamento. A missão de Nobru é participar das decisões estratégicas de comunicação para esse segmento e cocriar ações e conteúdos exclusivos para fãs de jogos eletrônicos. Devemos concordar que, por parte da Casas Bahia, é uma bela jogada.

ANITTA, DE FUNKEIRA A BANQUEIRA

O exemplo mais bem-sucedido de participação de influenciador em processos decisórios de empresas, na minha opinião, é o da artista, produtora e empresária Anitta. Não satisfeita em ser executiva de uma grande empresa, ela trabalha com duas: é líder de criatividade e inovação da Skol Beats (da Ambev) e membro do conselho de administração do Nubank – empresa da qual já falamos aqui mais de uma vez.

Muita gente se perguntou o que uma artista popular teria a ver com o mercado financeiro. É só analisar um pouco a situação para ver que se trata de uma estratégia de ganha-ganha entre uma marca-persona e uma marca-empresa. Anitta é, no momento, a principal representante brasileira no cenário internacional do *showbusiness*. Associar sua imagem à de uma instituição com presença em diversos países vai ajudar a alavancar sua carreira fora do Brasil.

>>

Para o Nubank, a vantagem é contar com uma personalidade que tem enorme apelo junto ao público de diversas classes sociais, especialmente entre os jovens, um *target* mais propenso a utilizar os serviços de *fintechs* (que ainda sofrem alguma desconfiança dos mais velhos). Além de ter um tino excepcional para o marketing, Anitta construiu uma rede de relacionamentos com diversas marcas, que pode, eventualmente, resultar em algum tipo de parceria entre o banco e outras empresas.

Poderia ser, por exemplo, com a Ambev, que chamou a artista, ainda em 2019, para cuidar do marketing da Skol Beats e ajudar a desenvolver novos produtos para a marca. Muito ligada em astrologia, Anitta foi a mente criativa que bolou a Beats Zodiac. São quatro sabores inspirados nos elementos do zodíaco (fogo, terra, ar e água). Quem quiser pode consumir a bebida sozinha ou misturada com algum dos outros sabores. Detalhe: são doze modelos de latinhas, cada uma com um signo estampado.

Mas a Zodiac não foi o primeiro projeto em conjunto. Logo depois da contratação da nova executiva, a Ambev colocou no mercado a Beats 150 BPM, uma bebida com 14% de teor alcoólico. Antes mesmo do lançamento oficial, a cantora promoveu uma grande festa em sua casa, regada a Beats 150 BPM. Como não podia deixar de ser, o evento bombou nas redes sociais e a bebida ficou associada ao nome da artista. Tanto que, no Carnaval do ano seguinte, os ambulantes anunciavam "duas Anittas é dez". Já pensou?

Como nem tudo são flores, o novo produto entrou na mira do Conselho Nacional de Autorregulamentação Publicitária (Conar), que tem regras muito rígidas em relação à publicidade de bebidas alcoólicas. O Conar pediu a retirada de um post publicado no Instagram de Anitta por concluir que a mensagem alcançava um público muito jovem.

Acontece que o código de autorregulamentação do mercado publicitário especifica que esse tipo de produto só pode

CAPÍTULO 9 **167**

>>

ser divulgado por e para adultos acima de 25 anos, entre muitas outras restrições. Anitta enviou dados comprovando que a maioria de seu público no Instagram é maior de idade, o Conar entendeu não ter havido má-fé por parte dela ou da Ambev, e o post foi tirado do ar. Não houve maiores consequências, mas serve como lembrança de que até os maiores e melhores podem tropeçar de vez em quando.

QUAIS VANTAGENS MARIA LEVA?

Os exemplos que vimos até aqui ajudam a dar uma visão prática das possibilidades que se abrem quando uma empresa decide trazer influenciadores para criar conteúdos, estratégias e até produtos em conjunto. Para sistematizar, resumiria as vantagens da cocriação, para as marcas, em três pontos:

- **Oxigenar as ideias:** quando se escuta quem está do lado de fora, abrem-se caminhos e perspectivas que poderiam nunca ter ocorrido àqueles que estão envolvidos em determinado projeto. Convidado pelo Santander para participar do processo de comunicação da empresa, o economista Gil do Vigor (do BBB21) mostrou que o público que eles queriam atingir não entendia a propaganda do banco. Como recém-chegado, ele viu claramente que a falta de uma abordagem mais simples e didática tornava difícil a aproximação do banco com a audiência desejada;
- **Conhecimento do público:** considero a principal vantagem, mais até do que trazer uma mente diferente para pensar junto. Quando o influenciador está na linha de frente, entendendo de fato aquela comunidade, o processo criativo é muito mais fácil. A cantora Raquel Virgínia montou até uma agência para orientar a criação de campanhas para o público LGBTQIA+. Com isso, está

ajudando marcas a cocriarem projetos que tenham o tom de voz certo e que abordem os consumidores da melhor forma possível;
- **Liberdade de criação:** o grande diferencial do trabalho em conjunto é o processo de criação coletiva. Ao criar em conjunto, existe a liberdade de trazer o criador para o perfil da marca, de trazer a marca para o perfil do criador, ou ambos. Nas próprias redes sociais, o influenciador terá ampla liberdade criativa, pois sua audiência está acostumada com o tipo de conteúdo, o *timing*, o tom de fala. No perfil oficial, em geral, há mais restrições, mas as marcas precisam dar espaço para o criador se soltar, mostrar seu talento e se divertir com aquele trabalho. Na campanha que Paulo Gustavo fez para a Consul, citada alguns capítulos atrás, ele criou conteúdo autoral para o próprio perfil e vídeos com uma pegada mais institucional nas redes da marca. E deu supercerto.

Para finalizar, acho importante refletir sobre a participação dos consumidores no processo de criação. Não estou falando de responder às pesquisa, identificar tendências ou descobrir o que eles consomem ou gostariam de consumir. A ideia é aproximar o consumidor da tríade empresa-especialista-influenciador, convidando-o a se juntar ao processo.

Quando é solicitado ao público que dê opiniões, compartilhe ideias, mande vídeos para o *Fantástico*, é uma forma de chamá-lo para cocriar o programa, a ação, a campanha, o produto. Isso pode repercutir positivamente em vendas, engajamento e, criativamente falando, em soluções com um incrível potencial para dar certo. Ou, no mínimo, com informações que ajudarão a empresa a acertar o passo, evitar erros e explorar novas possibilidades.

CAPÍTULO

10

10-11

MÉTRICAS DE PONTA A PONTA

PARA DAR E, PRINCIPALMENTE, VENDER	**173**
CADA UM NO SEU QUADRADO	**175**
MEDIDAS SEM MÉTRICAS	**179**
OS KPIS DOS CMOS	**184**
A VAIDADE É UM MAU CONSELHEIRO	**186**

O crescimento do número de produtores de conteúdo, influenciadores e celebridades da internet, nos últimos dez anos, virou as práticas de marketing de cabeça para baixo. Já citamos essa estatística antes, mas não custa relembrar: o investimento em marketing de influência saiu de 1,7 bilhão de dólares em 2016 para 9,7 bilhões de dólares em 2020, e deve fechar 2021 em 13,8 bilhões. Só se investe cada vez mais em algo que está funcionando, concorda?

Mas como saber quanto está dando certo? Quer dizer, como medir se aquelas estratégias e campanhas tão criativas e que fizeram o maior sucesso nas redes sociais realmente geraram resultados concretos para o cliente? É aí que entram as métricas. E quando o assunto é mensurar, ninguém ganha do marketing digital. Na internet é possível medir tudo, desde o *briefing* inicial até os resultados finais, que vão mostrar se os objetivos desejados foram realmente atingidos.

BRIEFING ▶ **ACOMPANHAMENTO** ▶ **RESULTADOS**

Tudo muito lógico e organizado. Só que medir o desempenho de ações de marketing não é tão simples quanto se vende que é. E por que eu digo isso? Porque muita coisa foi banalizada dentro do marketing de influência, inclusive a parte de métricas. Como profissional do ramo, considero que a mensuração é a parte mais difícil das campanhas de influenciadores.

Não que seja impossível, que não existam métodos, ferramentas e tecnologia para dar conta do recado, mas fazer a mensuração completa, até a última ponta do processo, é um grande desafio para o marketing como um todo. Tanto que a mídia analógica (rádio, TV, jornais, revistas, *out-of-home*) nunca conseguiu demonstrar, com precisão, quanto cada real (ou dólar, euro etc.) investido em uma campanha gerou de lucro.

Não tem como medir, por exemplo, quantos clientes foram atraídos a entrar em uma loja por causa de um anúncio de revista. Ou quantas vendas resultaram de uma estratégia de comunicação de guerrilha e distribuição de panfletos na rua. Ou, ainda, o impacto do investimento em *outdoors*, relógios de rua, painéis em estações de trem e metrô na geração de tráfego para os pontos de venda.

Ainda hoje não há respostas satisfatórias para essa questão. Assim, os anunciantes precisaram se conformar em investir em estratégias e formatos de publicidade que não são mensuráveis. O que quer dizer que a empresa paga, mas não sabe se está dando certo. É claro que, lá na última ponta, sempre é possível verificar o resultado geral. Mas não há como entender quais canais foram os mais eficazes, nem mesmo se o movimento veio por esses canais.

Por isso mesmo, a frase clássica de John Wanamaker continua tão verdadeira. Considerado o "pai" das lojas de departamento nos EUA e um pioneiro do marketing, ele dizia que metade do investimento que era feito em publicidade era desperdiçado. O problema era saber qual metade. No digital dá para saber as respostas.

PARA DAR E, PRINCIPALMENTE, VENDER

Não tem como falar de medidas de marketing de influência sem lançar um olhar mais amplo sobre o mercado. Digamos que, no oceano da comunicação, o marketing digital é um arquipélago e o marketing de influência, uma das ilhas. Ela vem crescendo, ganhando espaço, aumentando sua faixa de terra, mas continua sendo parte desse conjunto. Por isso, as métricas de influência são baseadas nas métricas-padrão do marketing digital ou derivadas delas.

Os dados são a matéria-prima desse negócio. Toda ação on-line é (ou deveria ser) construída sobre uma base consistente de dados. No nosso caso, eles servem para planejar a escolha dos influenciadores, fazer a curadoria dos criativos, entender se eles têm o melhor perfil – seja de audiência, praça, engajamento, seja qualquer outro indicativo que se possa levantar – e para avaliar resultados.

A internet é uma fonte inesgotável de dados. Sempre que alguém está on-line, dá informações – muitas vezes, sem saber – sobre seu perfil de consumo, seus hábitos, seu estilo de vida, seu comportamento, seu interesse por algum assunto específico, e assim por diante. Quer dizer, estamos sempre deixando "migalhas de pão" enquanto navegamos pelo *infoceano*.

Vamos supor que você está planejando um casamento. Ao pesquisar o assunto, procura no Google por músicas para a cerimônia, cria pastas no Pinterest com referências de decoração, curte páginas que falam do assunto nas redes sociais, clica em anúncios com ofertas interessantes para a festa, as roupas, os comes e bebes. Essas são as "migalhas de pão" deixadas pelo caminho.

As plataformas digitais – de redes sociais, *e-commerce*, buscadores etc. – rastreiam esses dados, armazenam e, com eles, traçam seu perfil de consumo ou sua persona. É exatamente com base nisso que as ações de marketing digital são criadas e mensuradas. Serviços que todo mundo usa, como Google e Facebook, fornecem milhões de dados para que os anunciantes montem suas estratégias de divulgação.

No nosso exemplo, como o Instagram ou o Facebook sabem do seu interesse por coisas relativas a casamento, vão começar a mostrar anúncios e posts patrocinados, na sua *timeline*, de produtos ou serviços para quem vai se casar.

Os filtros criados com base nessas migalhas nos ajudam também a quantificar o número de pessoas que clicaram nos anúncios, se elas efetivaram compra, se abandonaram o carrinho (e em que ponto do processo), quanto custou cada novo cliente (o custo de aquisição) e várias outras informações que servirão para chegar a um resultado mensurável.

Minha grande paixão pelo marketing digital vem daí. Não sou eu que falo, não sou eu que gosto, não é o meu *feeling* que conta. Quem me guia são os dados. Com eles, fica bem mais fácil defender um argumento ou criar qualquer projeto.

Dados permitem identificar melhor o público-alvo (segmentação), definir os veículos mais adequados (plano de mídia), descobrir o que o seu *target* gosta de ver nas redes sociais (criação), constatar a qual tipo de estímulo ele responde melhor (*call to action*). Pense em algum problema de marketing e, pode estar certo, haverá um conjunto de dados que vão ajudar a resolvê-lo, e uma métrica para checar os resultados obtidos.

Um ponto muito importante é a questão da inteligência de dados. Os dados sozinhos, avulsos, não têm serventia nenhuma. Eles só ganham sentido se analisados por uma inteligência, humana ou artificial, capaz de extrair *insights*, identificar padrões, perceber tendências. A partir daí, é preciso gerar ideias e apontar caminhos para a criação de estratégias mais certeiras.

"Confiamos em Deus. Todos os demais devem trazer dados."

William E. Deming, estatístico, consultor e professor das universidades de Yale e Nova York

Isso quer dizer que, se eu tiver acesso às métricas, é garantido que minha campanha vai ser um sucesso? Definitivamente não. Antes de começar qualquer ação de marketing, com ou sem influenciadores, é essencial entender quais são os objetivos, o que você deseja alcançar com aquela campanha. Só assim é possível elaborar uma estratégia certeira.

> A tecnologia dá respostas para tudo dentro do marketing digital. Contanto que você faça as perguntas certas.

CADA UM NO SEU QUADRADO

Antes de entrar na questão das métricas de desempenho, quero deixar bem claro que, da mesma forma que um dado solto não é informação, métrica não é indicador de desempenho (KPI). Para explicar a diferença, nada melhor que um exemplo prático.

Imagine uma situação em que a empresa decide fazer um esforço de marketing para vender mais neste Natal do que no do ano passado. O plano é investir em uma estratégia de influenciadores, contratando criadores para produzir conteúdo para a marca.

A campanha entra no ar e a agência, ou o time interno de marketing, vai acompanhando a performance em tempo real, com base nas informações fornecidas pelas plataformas de redes sociais ou nos relatórios de BI (*business intelligence*). A fim de verificar, por exemplo, quantos seguidores a marca ganhou no Instagram ou quantos visitantes a campanha levou para o site. Nesse caso, temos uma métrica.

O próximo passo é descobrir quantos novos *leads* a campanha gerou. Temos aí mais uma métrica: número de clientes em potencial conquistados graças à ação dos influenciadores. Por fim, o que é mais importante: quantos desses *leads* viraram clientes, quantos compraram o produto ou foram até a loja ou viveram a experiência do serviço prestado? Essa é uma métrica muito importante, a de *leads* que viraram clientes.

Onde entram os KPIs? Em primeiro lugar, é preciso compreender que uma métrica só vira um indicador de desempenho quando se tem objetivos bem estabelecidos e um bom plano de ação para que, lá no fim da ação, você consiga medir se alcançou o resultado que esperava. Ter objetivos claros é condição básica para medir qualquer coisa. Sem isso, vira "achômetro".

Vamos supor que a meta seja aumentar as vendas em 10% em relação ao Natal anterior com a campanha dos influenciadores, que deve ficar trinta dias no ar. Ao longo desse prazo, os dados coletados pelas plataformas servirão para acompanhar o andamento da ação. Colhendo os resultados de todas as métricas utilizadas, finalmente teremos um KPI para estimar se o objetivo será atingido ou não. No caso, um KPI de vendas.

Com esse KPI em mãos, juntamos todas as informações para entender a eficácia da estratégia da campanha – se está precisando investir mais dinheiro, se é melhor trocar os influenciadores ou se basta fazer alguns ajustes. Às vezes é só o caso de mudar o horário das postagens; outras vezes, é preciso alterar o discurso dos criadores ou o canal que eles estão usando.

Encerrada a campanha, é feita a avaliação do KPI final, que era aumentar as vendas de Natal em 10% com a ação dos influenciadores. Saberemos, assim, se o objetivo foi atingido ou não. Esse é só um exemplo simples para deixar claro o que é métrica e o que é KPI.

E por que precisamos de KPIs no marketing de influência? Como especialista, acredito que, se não conseguimos medir o desempenho – para cortar algum influenciador, expandir os canais ou realizar qualquer outra mudança necessária para otimizar a campanha – não temos como saber se a estratégia está dando certo, se os objetivos foram atingidos, nem como planejar as próximas ações. A escolha dos KPIs certos permite tomar as melhores decisões com relação à campanha, seja ela de influenciadores, seja de qualquer outro tipo.

Nessa história toda, o que importa é que o KPI seja relevante para o negócio. Não adianta ter uma avalanche de números e dados se eles não servirem para trazer *insights*, mostrar caminhos, orientar a tomada de decisões.

OS CINCO KPIS MAIS IMPORTANTES PARA O MARKETING DE INFLUÊNCIA

Leads
Taxa de engajamento
Taxa de conversão
Vendas
Retorno sobre o investimento

Nessa conversa sobre análise de dados e performance, muitos clientes chegam falando que precisam de uma campanha com influenciadores, achando que esse é o segredo para uma ação de sucesso. Será mesmo? Vamos ver. Antes de montar a sua ação, pergunte-se se a empresa tem:

- Um site bacana para o qual os influenciadores possam direcionar a audiência?
- Uma página que ofereça bons conteúdos para fidelizar e reter a audiência na transferência de tráfego do influenciador para a marca?
- Uma operação de *e-commerce* que proporcione uma boa experiência para o usuário?
- Estoque do produto? Não adianta atrair consumidores se for para deixá-los com as mãos abanando ou esperando sei lá quantos dias para receber o pedido – isso definitivamente mais atrapalha a empresa do que a ajuda.

Hoje conseguimos direcionar a conversa para ver se o cliente realmente precisa de uma campanha com influenciadores, se possui dados suficientes para montar uma estratégia com base em métricas e se é possível construir os KPIs certos para entender o sucesso da campanha.

Quando se fala em KPI, logo pensamos em indicadores de vendas, mas existem muitos outros objetivos que não se resumem a dinheiro em caixa. O KPI pode ser só posicionamento de marca, por exemplo. Fiz campanha para um banco que, para aquela ação, não tinha como objetivo atrair clientes, mas sim promover o conhecimento da marca, a lembrança, estimular conversas sobre a empresa. Isso também é mensurável.

O KPI nasceu para ser mensurado. Quando falamos de números, de dados, que é a parte mais confiável da estratégia de marketing de influência, não há espaço para subjetividade. A campanha pode não ter entregado o resultado esperado por algum desalinhamento entre métricas e KPIs. Mas, dentro da estratégia digital, a parte de dados é a mais confiável e objetiva.

> **Se você não consegue entender o que funcionou bem ou não, há duas opções do que pode ter acontecido: ou seu objetivo estava errado ou seu "achismo" está errado.**

Por outro lado, ao focar apenas os dados, sem se preocupar em chegar à essência daquela "numeralha" toda, você com certeza estará perdendo *insights* preciosos. O quantitativo precisa vir acompanhado de uma análise qualitativa para fazer sentido. Por isso, nos nossos relatórios para os clientes, costumamos incluir uma nuvem de palavras.

A nuvem de palavras é um gráfico que mostra a frequência de certos termos em uma conversa. Quanto mais eles aparecem, maior e mais chamativa é a sua representação no gráfico. Gosto desse recurso porque ele nos ajuda a entender o que as pessoas estão achando da campanha, do produto, do influenciador. Dessa forma, conseguimos analisar se os dados quantitativos batem com os qualitativos.

Isso é importante porque, às vezes, criamos uma campanha superinteressante e a nuvem de palavras mostra que o público está falando muito sobre o cabelo da influenciadora, ou sobre o lugar lindo em que ela está, e pouco sobre o produto. Muitos comentários assim não servem para nada.

Diz o ditado que uma imagem vale mais que mil palavras. Aqui, a imagem das palavras vai ajudar a trazer a teoria para a prática. Sabe aquela campanha da Consul com o Paulo Gustavo, que mencionei antes? Pois então, esta nuvem de palavras mostra o que o público estava falando sobre ela e os termos mais frequentes nos comentários. Dos 96.085 resultados, destacam-se palavras como: **Consul, melhor, muito bom, maravilhoso, melhor propaganda**.

MEDIDAS SEM MÉTRICAS

Quem me acompanhou até aqui deve estar convencido de que tudo pode e precisa ser medido, para o bem do ROI e a felicidade geral da marca. Afinal, essa é a grande vantagem do marketing digital: ser mensurável de ponta a ponta e em todos os cantos, não é? Com certeza. Mas sempre existe um porém.

Não existem dados imensuráveis, mas temos, sim, resultados, soluções e indicadores difíceis de quantificar, os chamados intangíveis. Ativo intangível é um bem ou uma propriedade que não se pode ver ou tocar, mas é percebido e tem valor, como a fama de um *influencer*. O conceito se aplica a diversas questões, desde capital intelectual até aspectos econômico-financeiros.

No campo da comunicação, nos deparamos a todo momento com coisas não quantificáveis, como criatividade, por exemplo. É difícil metrificar o conhecimento, o treinamento, a intuição ou a experiência das pessoas que criam um conteúdo, um produto, uma campanha.

No mundo das fusões e aquisições, com cifras e percentuais se empilhando a cada etapa da negociação, entram também ativos intangíveis – como percepção do valor da marca, direitos autorais, receitas, fórmulas, patentes, licenças, carteira de clientes e direitos de comercialização, para citar alguns casos. Quanto vale a fórmula da Coca--Cola? Ou a reputação da Volvo? É disso que estou falando.

Quando o assunto é marketing, fica muito visível a competição entre tangível e intangível ou entre dados objetivos e subjetivos, como alguns preferem chamar. De um lado, temos o que pode ser medido em números (vendas, devoluções, lucro, prejuízo); de outro, coisas cuja percepção pode variar de pessoa para pessoa, como lembrança, confiabilidade, prestígio.

Em outras áreas, obviamente, prefere-se o que é tangível, objetivo, mensurável. São necessários dados concretos para materializar ações, estratégias e resultados. Para os profissionais de marketing, é importante medir: tráfego, audiência, cliques, conversões. No caso do marketing de influência, importam muito: alcance, impressões, visualizações, interações.

Isso tudo, e muito mais, entra no pacote dos tangíveis. São indicadores indispensáveis, é verdade. Mas nem por isso os intangíveis devem ficar em segundo plano nem a importância dos dados subjetivos na construção de uma campanha com influenciadores – ou de qualquer outra ação de comunicação – deve ser desmerecida.

TANGÍVEL
Todo resultado que gera um número, como o CPC (custo por clique) ou os KPIs. Esses dados permitem medir e acompanhar cada ação em andamento, desde uma campanha no Instagram até o volume de visitas no site.

INTANGÍVEL
Dados não mensuráveis ou subjetivos. Eles dependem diretamente de percepção pessoal, que pode ser influenciada por fatores como gênero, religião ou qualquer outra característica socioeconômica-cultural.

A melhor forma de conseguir enxergar resultados, objetivos ou subjetivos, é saindo do clima de competição entre eles. Por exemplo, imagine que você é dono de um restaurante em um bairro nobre de uma grande cidade. Seu estabelecimento é bem localizado, o cardápio é variado, a comida é boa, os preços são razoáveis e o espaço físico é agradável e bem distribuído. Gostou? Eu queria ter um assim.

Quais seriam os dados tangíveis desse restaurante? Pode ser volume de ocupação das mesas, valor do tíquete médio, tempo de permanência no local, margem de lucro das bebidas... Até a forma de pagamento pode ser mensurada como um resultado tangível, bem como quantas refeições foram servidas no local, retiradas pelo cliente no estabelecimento ou entregues em domicílio.

Vamos concordar que são todos fatores críticos para o sucesso do negócio. Mas, em se tratando de um restaurante, há outros aspectos tão importantes quanto esses: sabor e apresentação dos pratos, atendimento dos garçons, conforto e beleza do espaço, se a distância entre mesas é adequada, higiene (e até decoração) dos banheiros. São fatores subjetivos, difíceis de medir – intangíveis –, e que podem fazer toda a diferença na hora de o cliente decidir se vai voltar a almoçar lá ou não.

Tudo vai bem até que, um belo dia, o movimento começa a cair. Aí você, dono do restaurante, se pergunta: "O que será que está acontecendo?". Pode ser algo relacionado a fatores tangíveis – preço, demora na saída dos pratos, abertura de um concorrente do outro lado da rua – e, assim, fica mais fácil de identificar o problema. É preciso investigar.

No fim da busca pelos "culpados", você descobre que parte da clientela deixou de frequentar a casa porque a nova equipe de garçons não atende tão bem quanto a antiga ou que os pratos estão chegando frios, ou que a inclusão de mais mesas deixou o espaço menos confortável, ou que seu concorrente que acabou de abrir tem serviço de valet; e você, não. São percepções subjetivas, mas que trazem muito valor aos clientes. É o intangível mostrando seu poder.

Minha intenção, com esse exemplo, é materializar como o retorno de marketing funciona e mostrar que os resultados podem ser mensuráveis ou não, objetivos ou subjetivos, medidos com facilidade ou com um pouco mais de complexidade, com base na percepção de cada pessoa. A combinação desses dados é o que faz com que a gente entenda o que está afetando o faturamento do restaurante e consiga traçar um plano de ação.

Agora que a diferença ficou bem clara, quero destacar três tipos de resultado intangível que têm tudo a ver com o marketing:

- **Imagem de marca:** inclui várias coisas, como reconhecimento (quando o público consegue identificar a marca mesmo que o nome não apareça), lembrança, preferência, reputação. Vamos testar? Qual banco é roxo? Qual é o refrigerante mais consumido no mundo? Uma letra N vermelha acompanhada do som "tudum" é a identidade de quem?
- **Posicionamento consolidado:** quando uma marca está muito presente no dia a dia do público, não necessariamente pelo consumo, mas por se integrar ao imaginário coletivo. É o caso do "Pergunta lá no posto Ipiranga'", ou o chinelo Havaianas, usado por brasileiros das classes A a Z. Esse conceito se aplica a influenciadores: os que têm características fortes e estilo marcante são identificáveis por seus conteúdos, mesmo que não mostrem a cara.
- **Lembrança:** marcas querem ser lembradas nos momentos certos, e o melhor deles é a hora da decisão de compra. Por isso, todas batalham para ser *top of mind*, ou seja, a número um na mente das pessoas. Diga a primeira marca que vem à sua cabeça nas seguintes categorias: palha de aço; hastes flexíveis com algodão; produto de limpeza; telefone celular; remédio para dor de cabeça. Todas as de que você se lembrou são *top of mind*.

Esses três exemplos de fatores intangíveis são derivados de estratégias bem pensadas pelos gestores de marketing, por suas agências e seus parceiros. A percepção do público sobre a marca não é construída a partir do nada. É preciso ter frequência, relevância, planejamento, bons produtos e serviços. Coisas tangíveis que ajudam a conquistar valores intangíveis.

Mas então não é possível medir o intangível? É, sim. Porém, é um processo trabalhoso e bem mais caro. Dá para levantar informações com pesquisas de mercado, grupos de discussão, estudos qualitativos, entre outros caminhos que as empresas seguem para entender se as ações de marketing estão gerando o retorno esperado ou não.

A INTERNET É UMA FONTE INESGOTÁVEL DE DADOS. SEMPRE QUE ALGUÉM ESTÁ ON-LINE, DÁ INFORMAÇÕES – MUITAS VEZES, SEM SABER – SOBRE SEU PERFIL DE CONSUMO, SEUS HÁBITOS, SEU ESTILO DE VIDA, SEU COMPORTAMENTO, SEU INTERESSE POR ALGUM ASSUNTO ESPECÍFICO, E ASSIM POR DIANTE.

@flavinhosantos

OS KPIS DOS CMOS

O cenário muda; o mercado, também, mas uma coisa permanece: para alcançar o sucesso é preciso investir tanto no objetivo quanto no subjetivo. O líder de marketing precisa ter sabedoria para combiná-los, usando os dados tangíveis para entender as metas que a empresa quer alcançar e os intangíveis para mapear as percepções dos consumidores.

De fato, em se tratando de métricas, o papel do CMO – o Chief Marketing Officer, ou seja, o equivalente ao CEO da área de marketing – é tão ou mais importante que o dos especialistas. Um bom profissional vai se basear em dados na hora de tomar decisões quanto a rumos da comunicação da empresa e para garantir o futuro do seu trabalho e de toda a equipe. Porque a gente sabe que, quando bate uma crise financeira, uma das primeiras verbas a ser cortada é a da comunicação.

Quando a coisa aperta, o líder precisa estar bem abastecido de informações para defender seu orçamento, a continuidade das campanhas, a permanência do seu pessoal. Só com números que demonstrem os resultados gerados pelas ações do marketing – aumento de vendas, do tíquete médio, da geração de *leads*, a abertura de novos canais de comercialização – ele conseguirá responder os questionamentos do chefe do financeiro, que tem a amarga tarefa de cortar despesas a todo custo.

A turma de finanças, por seu lado, deve entender – ou ser convencida de – que lucro não é a única medida de sucesso. Um bom trabalho de marketing reflete no retorno sobre o investimento (ROI), na intenção de compra, na formação de preço, na distribuição. Uma campanha pode gerar repercussão positiva para a marca, aumentando seu valor, ou negativa, prejudicando o desempenho geral da empresa.

O McDonald's é uma companhia que trabalha com dados em todas as etapas: do conhecimento do público à estratégia da marca, da gerência dos produtos à análise da concorrência. Sabe para quem vende e para quem quer vender, quanto custa cada batata frita e no que é melhor do que os seus concorrentes.

Uma ação do McDonald's no BBB21 ilustra bem vários pontos que levanto neste capítulo. A rede promoveu uma festa do pijama dentro da casa com os *brothers* vestidos com pijamas da marca e alimentados com sanduíches feitos na hora, em uma cozinha montada especialmente para a ocasião.

O objetivo era impulsionar as vendas via *delivery*, uma vez que o movimento nos restaurantes vinha caindo por causa da pandemia. E o produto escolhido para destaque foi o Méqui Box, um combo capaz de alimentar a família toda, já que estava quase todo mundo em casa.

As redes sociais da marca acompanharam a festa passo a passo com uma série de tuítes e *stories*, além da participação de vários influenciadores que postaram fotos degustando sanduíches e sobremesas. A coisa virou febre e o público começou a fazer o mesmo para mostrar que também estava participando do evento. Ou seja, muito conteúdo orgânico ajudando a alavancar a ação.

Nessa noite, seis dos dez assuntos mais comentados no Twitter eram sobre a marca e seus produtos, as buscas no Google explodiram e, segundo relatos dos usuários, o iFood chegou a travar pelo excesso de tráfego. É que, durante a festa, foi disponibilizado um QR Code que dava direito a um desconto especial para pedidos feitos pelo aplicativo. Além disso, quem pedia o combo pelo iFood ganhava um brinde exclusivo (meias temáticas, as mesmas que os *brothers* usaram na festa), o que impulsionou ainda mais as vendas.

Toda a ação foi criada com base em dados que forneceram *insights* sobre os canais de venda, os produtos mais adequados às circunstâncias e os possíveis caminhos a serem percorridos. Coube à liderança de marketing entender o problema do negócio (ampliar as vendas em um canal para compensar a queda em outro) e bolar uma estratégia capaz de resolvê-lo, gerando não só vendas como *awareness*, mídia espontânea e muito barulho nas redes sociais.

Com isso em mente, faço um convite aos profissionais de marketing para que dediquem mais atenção aos números, deixando de lado a ideia de que eles valem menos que o *feeling* ou que uma grande sacada criativa. As métricas devem ser usadas a favor da área de marketing, e não contra. Por isso, os CMOs devem investir muito nessa parte de dados.

A VAIDADE É UM MAU CONSELHEIRO

Para terminar este capítulo, quero falar das métricas de vaidade. São aqueles números que geralmente servem para inflar o ego dos gestores de marcas, mas não para medir se a campanha foi um sucesso ou se gerou mais espuma do que resultados concretos. Apesar de não trazer informações relevantes para o negócio, a valorização desses indicadores é uma armadilha muito comum, da qual os profissionais de marketing devem fugir para não cair do cavalo.

Número de seguidores em redes sociais, de *likes*, compartilhamentos e *page views* são dados que raramente revelam alguma informação importante. Principalmente quando são analisados isoladamente.

Se o número de *likes* em uma publicação for alto, o que isso significa além do fato de que muitas pessoas gostaram do conteúdo? Se o post não gerou impacto real no negócio, se não atingiu os KPIs estabelecidos para aquela campanha ou se deixou de entregar o resultado esperado – seja em termos de vendas, lembrança de marca, seja de visibilidade do produto, por exemplo –, a quantidade de *likes* não adiantou nada. É um falso KPI.

Os indicadores-chave de performance devem estar sempre relacionados às metas a serem atingidas. Lembre-se de que números isolados não servem para nada, só fazem sentido quando cruzados com outros dados. Tudo precisa fazer parte de uma estratégia maior, e não ser visto como uma informação solta.

MÉTRICAS DE VAIDADE	MÉTRICAS DE PERFORMANCE
Likes	Número de visitantes
Cliques	Taxa de conversão
Compartilhamentos	Conversão ao longo do funil
Page views	Custo por clique (CPC)
Número de seguidores	Custo de aquisição por cliente (CPC)
Downloads de aplicativos	*Lifetime value* (LTV)

Tem muita marca que, por incrível que pareça, ainda não atentou a isso. Empresas que se contentam em medir número de curtidas, de comentários, de aumento de seguidores, ainda não entenderam que há uma série de informações que precisam ser cruzadas para que se consiga analisar, dentro da estratégia macro, se a campanha foi um sucesso ou não.

Já vi inúmeras campanhas que tiveram volume de curtidas baixíssimo, mas que foram extremamente importantes para a comunidade impactada ou foram muito relevantes para a percepção de marca gerada a partir daquele conteúdo. É isso o que precisa ser analisado, não a métrica de vaidade solicitada como destaque no relatório final.

Veja bem, não estou dizendo que ter muitas curtidas e comentários é algo irrelevante. Não é isso. Há uma quantidade enorme de campanhas que, além de ótimos resultados, ganharam muitos *likes*, muitos compartilhamentos e trouxeram informações úteis, como geração de *leads*, transferência de tráfego, novos seguidores para a marca, acesso ao site e pessoas comentando em outras redes. Porém, se analisados isoladamente, esses números são apenas métricas de vaidade. Precisamos colocá-los no contexto de uma estratégia mais ampla para entender se fazem sentido ou não.

Minha dica é: meça, acompanhe, foque os resultados tangíveis ou intangíveis, analise os dados com atenção redobrada. É isso que vai fazer sua estratégia de marketing dar certo.

FACEBOOK/ INSTAGRAM/ YOUTUBE/ TIKTOK/ LINKEDIN

PARA O *FEED* E OS *STORIES*:
1. **WATCH TIME**
2. **COMENTÁRIO**
3. **CURTIDAS**
4. **SALVAMENTOS**
5. **TOQUES NA FOTO DO PERFIL**

PARA O *REELS*:
1. **WATCH TIME (ASSISTIR ATÉ O FIM)**
2. **CURTIDAS**
3. **COMENTÁRIOS**
4. **ACESSOS À PÁGINA DE ÁUDIO**

PARA O EXPLORAR:
1. **CURTIDAS**
2. **SALVAMENTOS**
3. **COMPARTILHAMENTOS**

CAPÍTULO 10   **187**

DICIONÁRIO DAS MÉTRICAS

Alcance: quantas pessoas foram impactadas por determinada ação de marketing. Quanto maior o alcance, mais chances de aumentar outros KPIs (como geração de *leads* ou vendas);

Audiência conquistada: quando o influenciador "empresta" sua audiência para alavancar a imagem da marca. Mais seguidores significam uma base de usuários maior a ser impactada;

Comentários: quantidade de interações com o conteúdo, em forma de texto, imagem, emoji, *meme* ou qualquer outra. Indica a popularidade do post, mas não a sua eficácia. Ferramentas automatizadas conseguem identificar se o tom dos comentários é positivo, negativo ou neutro;

Compartilhamentos e menções: outro indicador de popularidade, para o bem e para o mal. Compartilhamento de conteúdos e menções a marcas ou produtos podem ser sinal de aprovação e recomendação ou de protesto e desagrado. Por isso, requer também análise qualitativa;

Curtidas ou *likes*: a forma mais simples de medir se o conteúdo agradou ou não a audiência e, até certo ponto, o grau de prestígio do influenciador perante o público. O mesmo vale para o *dislike*, disponível em algumas redes sociais;

Custo por aquisição (CPA): quanto custa para que uma pessoa se torne cliente de fato, incluindo todo o investimento em marketing para atrair e converter o consumidor;

Custo por clique (CPC): mostra quanto a empresa paga cada vez que alguém clica no anúncio. Serve de termômetro para medir o desempenho da campanha e para identificar quais anúncios estão dando o melhor retorno sobre o investimento (ROI);

Custo por engajamento (CPE): mede quanto custou cada interação com o post. Basicamente, consiste em dividir o valor investido na campanha pelo número de interações que ela gerou. Indica como os consumidores estão reagindo à marca ou ao conteúdo, e não apenas às ofertas;

Custo por *lead* (CPL): esse valor é calculado dividindo-se quanto foi investido na ação de captação de clientes em potencial (*leads*) pelo número de *leads* que ela conquistou. Quanto menor o CPL, mais eficaz foi a ação;

Custo por mil (CPM): indica quanto o anunciante vai pagar a cada mil pessoas que visualizarem o conteúdo ou anúncio. Gera alta visibilidade, mas acaba atingindo uma audiência maior que o público-alvo;

Reações: o algoritmo do Facebook dá mais peso às reações (amor, riso, raiva, espanto e tristeza), pois são indicadores melhores do que as curtidas para entender o sentimento em relação ao conteúdo;

Reconhecimento (*awareness*): mede o grau de lembrança, notoriedade e credibilidade da marca. Quanto maior o *awareness*, maior a percepção de valor da marca;

Retorno sobre o investimento (ROI): usado para calcular a relação entre quanto se investiu e quanto se ganhou em uma ação de marketing (digital ou não). Métrica fundamental para descobrir se o investimento está valendo a pena;

Taxa de abertura: porcentagem de usuários que abriram a mensagem enviada, sem levar em conta quantos de fato interagiram de alguma forma com ela;

Taxa de cliques: porcentagem de pessoas que clicaram para realizar a ação desejada (baixar um *e-book*, visitar o site etc.) depois de ver o anúncio;

Taxa de conversão: porcentagem de pessoas que chegaram a um ponto do funil de vendas e passaram para o próximo — por exemplo, visitantes de um blog que se tornaram *leads*. Permite identificar pontos fracos para fazer ajustes na campanha;

Visibilidade: conceito que define se o anúncio foi realmente visto pelo usuário. Para ser considerado como visualizado, ele deve ter, no mínimo, 50% da sua imagem exposta por um segundo ou, no caso de vídeos, dois segundos de exposição.

CAPÍTULO 11

15 BILHÕES DE RAZÕES PARA INVESTIR EM MARKETING DE INFLUÊNCIA

Vimos que, na internet, tudo pode ser medido e contado – até o fator humano. Como há métricas para todos os gostos, o mercado publicitário vive procurando soluções criativas para a equação **Conversação × Conversão = Resultado**.

Só que as conversas, as conexões e a influência não estão aí para disseminar conceitos e vender coisas, mas para conectar pessoas. O digital deu voz e vez ao cidadão comum, em um movimento sem volta.

A sociedade digital transformou as bases do marketing, a ponto de fazer com que os 4 Ps tradicionais virassem 8, para dar conta do novo panorama da comunicação on-line.

OS Ps DO MARKETING

4 Ps TRADICIONAIS
PRODUTO: aquilo que é vendido pela empresa
PREÇO: valor que será cobrado do cliente
PRAÇA: pontos de venda (físicos ou digitais)
PROMOÇÃO: divulgação, publicidade

4 NOVOS Ps
PESSOAS: conhecimento em profundidade do público-alvo
PROCESSOS: fluxo de trabalho, parte operacional
POSICIONAMENTO: como a marca se posiciona estrategicamente
PERFORMANCE: mensuração de desempenho e resultado

Todos esses Ps, e mais uma porção de outras letras e siglas que exploramos ao longo desta jornada, valem para o marketing de influência, ainda que ele esteja só no começo de sua trajetória. Porque, pode ter certeza, apesar de tudo o que aprendemos e realizamos até agora, estes são apenas os primeiros passos em termos de possibilidades a serem exploradas.

Não é futurismo, nem *chutômetro*. Cinquenta milhões de pessoas se autoidentificavam como criadores de conteúdo em 2020, de acordo com uma pesquisa do eMarketer,[105] e a expectativa é de que esse número cresça até chegar a 1 bilhão nos próximos cinco anos.

Pode parecer maluquice que, num futuro próximo, um em cada oito habitantes do planeta seja influenciador digital. Mas pense na revolução que vai ser quando metade da população mundial tiver conexão móvel de quinta geração (5G) – o que deve acontecer até 2026.[106]

Agora, ponha na conta o fato de que está cada vez mais fácil criar conteúdo nas redes sociais. Plataformas como TikTok e Instagram investem em ferramentas que permitem a qualquer pessoa, com um pouquinho de conhecimento (e *zennials* e alphas já nasceram no mundo da internet móvel), produzir e divulgar vídeos, áudios, textos, GIFs, *memes*, montagens etc.

Junte a ampliação do acesso à internet com a expansão das redes ultravelozes e a democratização das ferramentas à disposição dos usuários e você terá as condições perfeitas para um *boom* de influenciadores e de investimentos em marketing de influência. Quer apostar quanto? As marcas estão dispostas a apostar 15 bilhões de dólares em 2022, na estimativa do *Business Insider*.[107]

Essas verbas são o combustível que mantém funcionando um ecossistema formado por criadores, plataformas, agências, consultorias, produtoras de audiovisual, institutos de pesquisa, empresas de tecnologia e especialistas de várias áreas que formam o segmento do marketing de influência. Uma verdadeira **economia da influência**.

Simplificando ao máximo, trata-se de um mecanismo que tem por objetivo final conectar marcas, influenciadores e público. Por mais dinheiro que se coloque nele, no entanto, o ecossistema não se sustentaria sem o empreendedorismo dos criadores e a tecnologia para transformar as ideias em realidade. Tanto que já temos empresas especializadas no suporte tecnológico a esse pessoal, as *influencetechs* – e essa é apenas uma das novidades mais recentes, vem muito mais por aí.

O futuro do marketing de influência é brilhante, não tenho dúvida. Mais do que fazer parte dele, eu gostaria de ajudar a construir esse horizonte, a criar um mercado forte, flexível, criativo, inclusivo, ético e democrático. Afinal, sonhar não custa nada, e só quem sonha tem a chance de fazer a diferença. Dito isso, quero terminar esta obra dividindo com você, leitor, alguns dos meus palpites, desejos e previsões sobre o que vem por aí.

1. ÁUDIO E VÍDEO SERÃO OS PRINCIPAIS FORMATOS DE CONTEÚDO

Essa é fácil. A internet começou com texto e imagem, mas hoje quem domina é o vídeo e, graças à popularidade dos *podcasts*, o áudio. Por isso, veremos mais e mais *influencers* em plataformas como Twitch, Soundcloud e, é claro, YouTube e TikTok.

2. INFLUENCIADORES COM ALTOS ÍNDICES DE ENGAJAMENTO SERÃO DISPUTADOS PELAS PLATAFORMAS

O público já mostrou que segue seus favoritos, não importa para qual rede social eles migrem. Por isso, as plataformas têm todo o interesse em oferecer aos criadores os meios para ajudá-los a atrair e fidelizar seguidores, monetizar sua profissão e até administrar o negócio. Imagine o trabalho que dá gerenciar a carreira de um Cristiano Ronaldo (o número 1 do Instagram) ou de uma Charli D'Amelio (a *tiktoker* mais famosa do mundo). A tendência é que fique ainda mais dura a disputa entre TikTok, Instagram, YouTube, Snapchat, Facebook, Twitter e outras redes pelos influenciadores com maior potencial de sucesso.

3. MONETIZAÇÃO INCENTIVARÁ A PROFISSIONALIZAÇÃO DOS CRIADORES DE CONTEÚDO

As plataformas sabem muito bem a quantidade de zeros que influenciadores adicionam aos números de faturamento. É do interesse delas que esse pessoal ganhe mais e continue gerando tráfego, audiência e lucros para a rede social. Que o diga o Facebook, com sua receita de 86 bilhões de dólares em 2020.[108] A empresa anunciou que planeja pagar 1 bilhão de dólares aos criadores de conteúdo em 2022. O TikTok criou um fundo para remunerar criativos. No Twitter e no Twitch, fãs podem pagar por conteúdos de seus criadores favoritos. Outros modelos de remuneração deverão surgir, conforme os influenciadores aumentarem seu poder de gerar dinheiro com publicidade e comércio eletrônico.

4. *SOCIAL COMMERCE* VAI MUDAR A FORMA COMO FAZEMOS COMPRAS ON-LINE

Parece-me natural que, em algum momento, o marketing de influência e o *social commerce* se encontrem e formem uma parceria muito lucrativa. Os dois têm tudo a ver. Juntos, eles permitirão aos influenciadores aumentar seus ganhos e, às marcas, alavancar as vendas. Isso sem falar nas *lives* de vendas (*live-streaming shopping*), "estreladas" por influenciadores – *vide* os diversos programas do tipo durante a Black Friday. Os próprios *influencers* podem funcionar como um canal de comercialização para marcas "fracas", graças ao recurso que permite que eles criem uma loja dentro do próprio perfil no Instagram. O limite é a imaginação de cada um.

5. COCRIAÇÃO E PARTICIPAÇÃO NA ESTRATÉGIA DE MARKETING SERÃO O "NOVO NORMAL"

Já começou, embora só marcas muito corajosas tenham embarcado nessa onda: criativos estão sendo chamados para cocriar campanhas e integrar times de marketing. Em vez de apenas fazer a divulgação, eles se tornam verdadeiros parceiros da empresa, embaixadores que se identificam com produtos, valores e propósitos. Por seu lado, os influenciadores, ao se darem conta do poder que têm com os fãs, vão encontrar novas formas de explorar sua "marca própria" para além das redes sociais.

6. METAVERSO COMO O PRINCIPAL ESPAÇO DE INTERAÇÃO ON-LINE

Não digo isso porque o Facebook anunciou que seu futuro está no metaverso – espaços virtuais compartilhados, em 3D, realidade mista e mundo real, tudo junto e misturado. Outras empresas já começaram a trilhar esse caminho, como a Verizon, que criou uma espécie de caça ao tesouro em realidade aumentada para demonstrar as maravilhas de sua rede 5G. E aquele caso das roupas de marcas famosas vendidas como acessórios de luxo dentro de *games*, que citei lá atrás? É isso, só que muito mais. Quem assistiu ao filme *Jogador nº 1* consegue ter uma visão mais clara do que é o metaverso e de tudo o que se pode fazer nele. Se não viu, recomendo que assista.

7. MARCAS FICARÃO MAIS ATENTAS A MÉTRICAS E ANÁLISE DE DADOS

Abordagens baseadas em dados são cruciais para aperfeiçoar a mensuração de todas as fases do processo de comunicação e venda. Seja usando mecanismos turbinados por aprendizado de máquina, inteligência artificial para filtrar os interesses da audiência, seja qualquer outro recurso/objetivo, teremos meios mais sofisticados e precisos para medir atribuição, extrair *insights* e criar modelos preditivos para o marketing de influência.

Por último (mesmo), quero deixar três reflexões sobre a essência do marketing de influência e os dilemas da comunicação digital.

O BRASIL É UM DOS PAÍSES MAIS CONECTADOS DO MUNDO, MAS TAMBÉM UM DOS QUE POSSUEM MAIS FALHAS DE COMUNICAÇÃO

Temos mais celulares conectados (250 milhões até setembro de 2021) do que habitantes (213 milhões). Oito em cada dez lares brasileiros têm internet. Como apontei lá no começo, somos vice-campeões em tempo gasto on-line por dia e estamos entre os *top* 3 povos mais "pendurados" nas redes sociais. Mas, como a realidade esfrega na nossa cara a todo momento, conexão e comunicação são coisas diferentes. A culpa não é da tecnologia, mas das pessoas. Quando foi que ficou tão difícil se fazer entender? O desafio da comunicação não é um problema só das marcas. Cabe a cada um de nós fazer da internet um ambiente melhor, mais seguro e mais saudável.

✓

O DESAFIO DA COMUNICAÇÃO NÃO É UM PROBLEMA SÓ DAS MARCAS. CABE A CADA UM DE NÓS FAZER DA INTERNET UM AMBIENTE MELHOR, MAIS SEGURO E MAIS SAUDÁVEL.

@flavinhosantos

A INTERNET SERÁ CADA VEZ MAIS DEMOCRÁTICA, PARA O BEM E PARA O MAL

Caminhamos rapidamente para um estágio de conexão *quase* total (sempre tem aqueles lugares em que não chega nem estrela cadente), ou seja, todo mundo no mundo estará ligado de alguma forma. Os seis graus de separação, que já são três ou quatro, podem cair para um ou dois. Isso abre infinitas possibilidades, inclusive para fraudadores, cibercriminosos, *hackers*, propagadores de discurso de ódio, assediadores e todo tipo de gente com más intenções. Vigilância e regulamentação são extremamente necessárias, mas até onde estaremos dispostos a sacrificar nossa liberdade em nome da segurança? Eu não sei a resposta. Talvez ninguém saiba.

TODO MUNDO É INFLUENCIADOR E INFLUENCIADO. ABRACE A CAUSA E VÁ EM FRENTE

Não dá para ninguém substituir sua presença ou falar em seu nome, seja na internet, seja na vida real. Se você pensa em ser produtor de conteúdo, entre de cabeça, proponha conversas e diálogos, encontre a sua turma – ou o seu nicho de mercado, para usar um termo mais profissional – e bote a criatividade para trabalhar a seu favor. Sete bilhões de *influencers* é muita gente, eu sei, mas nas redes sociais tem lugar para todos.

Despeço-me, enfim, com um convite para você abraçar a **economia da influência**, mas também estabelecer períodos off-line em sua agenda. Isso é muito importante. Estamos hiperconectados e nos tornamos dependentes da tecnologia, no bom e no mau sentido. O celular virou um apoio que vai muito além de um dispositivo para telefonar ou consultar a internet. Na espera do elevador, na fila do banco, no semáforo fechado, lá estamos nós, desbloqueando o aparelho e entrando em um universo paralelo. Não é de estranhar que, vira e mexe, a gente se esqueça de que a vida real deve ser prioridade.

Ao passar o tempo pesquisando termos desconhecidos no Google, abrindo QR Codes ou dando buscas nos nomes de pessoas que acabamos de conhecer, nos desconectamos da realidade, mesmo que só por alguns segundos. Essa abdução tem gerado déficit de atenção e está nos afastando do mundo de verdade. O que não deixa de ser um paradoxo: a tecnologia criada para conectar está desconectando as pessoas.

Meu convite ao detox não desmerece todos os ativos das novas tecnologias que listei aqui. É apenas uma provocação para viver a experiência de sair para caminhar sem estar on-line, de curtir um filme por inteiro sem ficar checando o WhatsApp ou postando no Twitter. A conectividade não deve nos aprisionar, assim como a influência não deve nos deixar dependentes.

As trocas e os diálogos que acontecem nas redes sociais são necessários, porém não podemos cair na doença do "eu vi que você recebeu a mensagem, mas não respondeu. Aconteceu alguma coisa?". A cultura do "estar disponível o tempo todo" está sacrificando a própria rede social e as plataformas de comunicação.

Desapegar de alguns hábitos digitais pode fazer bem quando se busca um ponto de equilíbrio entre a conexão *full time* e a liberdade de viver no "modo avião". Você não é o seu avatar. A vida real não pode ser substituída pela virtual.

Desligue-se, mesmo que não esteja fazendo nada. Você tem o direito de se desconectar e *tá tudo bem*.

NOTAS DE FIM

1 THE STATE of influencer marketing 2021: Benchmark report. **Influencer MarketingHub**, ago. 2021. Disponível em: https://influencermarketinghub.com/influencer-marketing-benchmark-report-2021/. Acesso em: dez. 2021.

2 Termo criado pelo teórico da comunicação Alvin Toffler, no livro A terceira onda (Record, 1981).

3 KEMP, S. Digital 2021: April global statshot report. **Datareportal**, 21 abr. 2021. Disponível em: https://datareportal.com/reports/digital-2021-april-global-statshot. Acesso em: dez. 2021.

4 KEMP, S. Digital 2021: global overview report. **Datareportal**, 27 jan. 2021. Disponível em: https://datareportal.com/reports/digital-2021-global-overview-report. Acesso em: dez. 2021.

5 Idem.

6 THE State of Mobile 2021. **App Annie**. Disponível em: https://www.appannie.com/en/go/state-of-mobile-2021/. Acesso em: dez. 2021.

7 KEMP, S. *op. cit.*

8 SOCIAL media marketing trends in 2021. **GWI**. Disponível em: https://www.gwi.com/reports/social. Acesso em: dez. 2021.

9 ARMSTRONG, M. YouTube is responsible for 37% of all mobile internet traffic. **Statista**, 11 mar. 2019. Disponível em: https://www.statista.com/chart/17321/global-downstream-mobile-traffic-by-app/. Acesso em: dez. 2021.

10 TOFFLER, Alvin. **A terceira onda**. 8ª ed. Rio de Janeiro: Record, 1980.

11 KEMP, S. *op. cit.*

12 KEMP, S. Digital 2021: Brazil. **Datareportal**, 11 fev. 2021. Disponível em: https://datareportal.com/reports/digital-2021-brazil. Acesso em: dez. 2021.

13 KEMP, S. *op. cit.*

14 APP Annie. *op. cit.*

15 GWI. *op. cit.*

16 NETFLIX BRASIL. Se você gosta de Black Mirror, provavelmente vai gostar de Years and Years, da @HBO_Brasil. Se prefere Orange Is The New Black, você deve gostar de Fleabag, do @PrimeVideoBR. 8 abr. 2020. **Twitter: NetflixBrasil**. Disponível em: https://twitter.com/NetflixBrasil/status/1247955090713051137?ref_src=twsrc%

5Etfw%7Ctwcamp%5Etweetembed%7Ctwterm%5E1247955090713051137&ref_url=https%3A%2F%2Fwww.omelete.com.br%2Ffilmes%2Fnetflix-hbo-amazon-prime-video-globoplay-telecine. Acesso em: dez. 2021.

17 JULIETTE Freire. **HypeAuditor**. Disponível em: https://hypeauditor.com/preview/juliette.freire/. Acesso em: dez. 2021.

18 DENTSU Ad Spend January 2021. **Dentsu Global**. Disponível em: https://www.dentsu.com/reports/ad_spend_january_2021_asa. Acesso em: dez. 2021.

19 RELATÓRIO sobre o Mobile Streaming 2021: como os profissionais de marketing podem se adaptar a uma mudança radical no comportamento do usuário. **Adjust**. Disponível em: https://www.adjust.com/pt/resources/ebooks/streaming-and-subscriptions-report-2021/. Acesso em: dez. 2021.

20 Você pode conferir os vídeos da Pepsi em: https://youtu.be/D4YdXuzzUXg?list=PLXEP0qousrR32WuU-ljc3_sqAncXNEVFb. Acesso em: dez. 2021.

21 SOUPTUBE case study for Campbell's soup. 2018. (Vídeo 1min54s). Publicado pelo canal Creative Broadcast. Disponível em: https://www.youtube.com/watch?v=NB11gG8NwC8. Acesso em: dez. 2021.

22 COLEÇÃO Louis Vuitton × League of Legends. **Louis Vuitton**, 8 dez. 2019. Disponível em: https://br.louisvuitton.com/por-br/magazine/artigulos/louis-vuitton-x-league-of-legends-collection. Acesso em: dez. 2021.

23 SHAWN Mendes dá início a sua turnê mundial com direito a várias surpresas. **CARAS Digital**, 8 mar. 2019. Disponível em: https://caras.uol.com.br/musica/shawn-mendes-da-inicio-a-sua-turne-mundial-com-direito-a-varias-surpresas.phtml. Acesso em: dez. 2021.

24 SOUZA, K. Heptacampeão da F1, Lewis Hamilton renova contrato com a Mercedes até 2023. **Exame**, 3 jul. 2021. Disponível em: https://exame.com/casual/heptacampeao-da-f1-lewis-hamilton-renova-contrato-com-a-mercedes-ate-2023/. Acesso e: dez. 2021.

25 UNDERSTANDING Generation Alpha. **Mccrindle**. Disponível em: https://mccrindle.com.au/insights/blog/gen-alpha-defined/. Acesso em: dez. 2021.

26 STRAUSS, W; HOWE, N. **Generations**: The History of America's Future, 1584 to 2069. Nova York: William Morrow & Company, 1992.

27 JONES. K. How COVID-19 has impacted media consumption, by generation. **Visual Capitalist**, 7 abr. 2020. Disponível em: https://www.visualcapitalist.com/media-consumption-covid-19/. Acesso em: dez. 2021.

28 PESQUISA Nacional por Amostra de Domicílios Contínua. **IBGE**, 2021. Disponível em: https://biblioteca.ibge.gov.br/visualizacao/livros/liv101794_informativo.pdf. Acesso em: dez. 2021.

29 BIG dos Bigs! Final do 'BBB 21' teve a melhor média de audiência em 11 anos. **UOL**, 5 maio 2021. Disponível em: https://tvefamosos.uol.com.br/noticias/redacao/2021/05/05/big-dos-bigs-final-do-bbb-21-teve-a-melhor-media-de-audiencia-em-11-anos.htm. Acesso em: dez. 2021.

30 ELIMINAÇÃO de Karol Conká no BBB21 supera ibope de dez finais no reality. **UOL**, 24 fev 2021. Disponível em: https://noticiasdatv.uol.com.br/noticia/audiencias/eliminacao-de-karol-conka-no-bbb21-supera-ibope-de-dez-finais-do-reality-51979. Acesso em: 17 dez. 2021.

31 MOTTA, G. Novela ou futebol? Saiba qual foi a maior audiência da TV brasileira em todos os tempos. **O canal**, 5 nov. 2011. Disponível em: https://ocanal.com.br/novela-ou-futebol-saiba-qual-foi-a-maior-audiencia-da-televisao-brasileira/. Acesso em: dez. 2021

32 TIC Domicílios – 2020. **Cetic**. Disponível em: https://cetic.br/pt/pesquisa/domicilios/indicadores/. Acesso em: dez. 2021.

33 FELTRIN, R. Exclusivo: TV aberta perdeu quase metade do público em 20 anos. **UOL**. Disponível em: https://www.uol.com.br/splash/noticias/ooops/2021/02/02/exclusivo-em-20-anos-metade-do-publico-ja-fugiu-da-tv-aberta.htm. Acesso em: dez. 2021.

34 PESQUISA Datafolha mostra que no 2º ano da pandemia paulistano sai mais para trabalhar, comprar e rezar. **Folha de S.Paulo**. Disponível em: https://www1.folha.uol.com.br/cotidiano/coronavirus/habitos-pandemia/. Acesso em: dez. 2021.

35 UMA galinha bilionária. **Google Blog**, 4 fev. 2014. Disponível em: https://brasil.googleblog.com/2014/02/uma-galinha-bilionaria.html. Acesso em: dez. 2021.

36 JENKINS, H. **Cultura da convergência**. Nova ed. São Paulo: Aleph, 2009.

37 JENKINS, H. *op. cit.* p. 30.

38 MONTEIRO. T. O ultimato da Marvel: de falida à multibilionária. **Meio e mensagem**, 25 abr. 2019. Disponível em: https://www.meioemensagem.com.br/home/marketing/2019/04/25/o-ultimato-da-marvel-de-falida-a-multibilionaria.html. Acesso em: dez. 2021.

39 DOLORES, B. Harry Potter bate a marca de 500 milhões de livros vendidos no mundo. **Poltrona Nerd**, 1 fev. 2018. Disponível em: https://poltronanerd.com.br/culturapop/harry-potter-bate-marca-de-500-milhoes-de-livros-vendidos-no-mundo-65335. Acesso em: dez. 2021.

40 STATISTA Research Department. Most popular tweets on Twitter of all time as of July 2020, by number of retweets. Statista, 3 mar. 2021. Disponível em: https://www.statista.com/statistics/699462/twitter-most-retweeted-posts-all-time/. Acesso em: dez. 2021.

41 GEYSER, W. The state of influencer marketing 2021: Benchmark Report. **Influencer Marketing Hub**, 18 ago. 2021. Disponível em: https://influencermarketinghub.com/influencer-marketing-benchmark-report-2021/. Acesso em: dez. 2021.

42 CONHEÇA o mercado brasileiro de influenciadores. **Promoview**, 26 abr. 2021. Disponível em: https://www.promoview.com.br/categoria/digital/aguardando-aprovacao-conheca-o-mercado-brasileiro-de-influenciadores.html. Acesso em: dez. 2021.

43 PEREIRA, J. Por que tantas pessoas usavam perucas no século 18? **Aventuras na História**, 20 dez. 2019. Disponível em: https://aventurasnahistoria.uol.com.br/noticias/reportagem/por-que-tantas-pessoas-usavam-perucas-no-seculo-18.phtml. Acesso em: dez. 2021.

44 KAUPKE, L.; ELLIS, S.; LEE, V. The next time you invest in a luxury bag take a look at this list first. **The Zero Report**, 4 jul. 2017. Disponível em: https://www.thezoereport.com/fashion/most-popular-handbags-vestiaire-collective-global-bag-exchange-index. Acesso em: dez. 2021.

45 MERCADO chinês de social commerce deve atingir U$474,81 bi em 2023. **Consumidor Moderno**. Disponível em: https://www.consumidormoderno.com.br/2021/03/01/china-social-commerce-474-bi-2023/. Acesso em: dez. 2021.

46 SOARES, J. Carta aberta ao ilmo. sr. presidente Jair Bolsonaro. **Folha de S.Paulo**, 27 mar. 2021. Disponível em: https://www1.folha.uol.com.br/opiniao/2021/03/carta-aberta-ao-ilmo-sr-presidente-jair-bolssonaro.shtml. Acesso em: dez. 2021.

47 TANCREDI, T. Aos 77 anos, Zezé Motta vira influencer digital: "Não fazia parte da tribo de comerciais". **Donna Gente**, 29 out. 2021. Disponível em: https://gauchazh.clicrbs.com.br/donna/gente/noticia/2021/10/aos-77-anos-zeze-motta-vira-influencer-digital-nao-fazia-parte-da-tribo-de-comerciais-ckvcd3vfk001j019m8ag00bg8.html. Acesso em: dez. 2021.

48 BAKLANOV, N. The top Instagram virtual influencers in 2020. **Hype Journal**, 9 nov. 2020. Disponível em: https://hypeauditor.com/blog/the-top-instagram-virtual-influencers-in-2020/. Acesso em: dez. 2021.

49 Idem.

50 REALIZING 2030: a divided vision of the future. **Dell Techonologies**. Disponível em: https://www.delltechnologies.com/content/dam/delltechnologies/assets/perspectives/2030/pdf/Realizing-2030-A-Divided-Vision-of-the-Future-Summary.pdf. Acesso em: dez. 2021.

51 FARIAS, C. Parem de me mandar coisas, pede influenciadora que inspirou Paolla Oliveira. **UOL**, 30 maio 2019. Disponível em: https://www.bol.uol.com.br/entretenimento/2019/05/30/paolla-oliveira-camila-coutinho.htm. Acesso em: dez. 2021.

52 GRÃO de Gente construindo sonhos com a Tatá Werneck. **Grão de Gente**, 27 jan. 2021. Disponível em: http://www.bloggraodegente.com.br/grao-de-gente-na-midia/grao-de-gente-solidariedade/grao-de-gente-tata-werneck/. Acesso em: dez. 2021.

53 ROGENSKI, R. Brahma cria estátua do Zeca Pagodinho. **Meio e mensagem**, 20 fev. 2020. Disponível em: https://www.meioemensagem.com.br/home/marketing/2020/02/20/brahma-cria-estatua-do-zeca-pagodinho.html. Acesso em: dez. 2021.

54 BRAHMA: A número 1. **Meio e mensagem**. Disponível em: https://marcas.meioemensagem.com.br/brahma-a-numero-1/. Acesso em: dez. 2021.

55 FIACADORI, C. Buscando esporte sem contato? Beach tennis é opção; veja como começar. **Viva Bem UOL**, 30 jun. 2021. Disponível em: https://www.uol.com.br/vivabem/noticias/redacao/2021/06/30/buscando-esporte-sem-contato-beach-tennis-e-opcao.htm. Acesso em: dez. 2021.

56 O PODER das comunidades virtuais. Facebook, 23 fev. 2021. Disponível em: https://www.facebook.com/community/whats-new/power-virtual-communities/. Acesso em: dez. 2021.

57 KEMP, S. *op. cit.*

58 MORSE, G. The science behind six degrees. **Harvard Business Review**, fev. 2003. Disponível em: https://hbr.org/2003/02/the-science-behind-six-degrees. Acesso em: dez. 2021.

59 FILIZ, O. Three and a half degrees of separation. **Facebook Research**, 4 fev. 2006. Disponível em: https://research.fb.com/blog/2016/02/three-and-a-half-degrees-of-separation/. Acesso em: dez. 2021.

60 GITOMER, J. **O livro vermelho de vendas**: Princípios e técnicas de excelência em vendas. São Paulo: MBooks, 2020.

61 SCHULTZ, H. **Dedique-se de coração:** A história de como a Starbucks se tornou uma grande empresa de xícara em xícara. São Paulo: Buzz Editora, 2019

62 LAS 10 marcas icónicas más queridas en Latam 2021. **Talkwalker**. Disponível em: https://www.talkwalker.com/es/blog/marcas-iconicas-mas-queridas-en-latinoamerica. Acesso em: dez. 2021.

63 SALOMÃO, K. Sucesso no Brasil, Desinchá aposta nos EUA e esgota na Amazon. **Exame**, 5 ago. 2020. Disponível em: https://exame.com/negocios/sucesso-no-brasil-desincha-aposta-dos-estados-unidos/. Acesso em: dez. 2021.

64 GRILLETTI, L. 3 milhões de chás vendidos em 2 anos: conheça a história da Desinchá. **Endeavor**, 3 jun. 2020. Disponível em: https://endeavor.org.br/historia-de-empreendedores/historia-desincha/. Acesso em: dez. 2021.

65 ROSEN, G. Relatório de aplicação dos padrões da comunidade. **Meta**, 18 ago. 2021. Disponível em: https://about.fb.com/br/news/2021/08/relatorio-de-aplicacao-dos-padroes-da-comunidade-agosto-de-2021/. Acesso em: dez. 2021.

66 HATE is no game: harassment and positive social experiences in online games 2021. **ADL**. Disponível em: https://www.adl.org/hateisnogame. Acesso em: dez. 2021.

67 THE Institute for Rebooting Social Media. **The Berkman Klein Center for Internet & Society at Harvard University**. Disponível em: https://cyber.harvard.edu/programs/institute-rebooting-social-media. Acesso em: dez. 2021.

68 MASSAO, F. O que é a teoria dos seis graus de separação? **Superinteressante**, 18 set. 2017. Disponível em: https://super.abril.com.br/mundo-estranho/o-que-e-a-teoria-dos-seis-graus-de-separacao/. Acesso em: jan. 2022.

69 MORSE, G. *op. cit.*

70 KNIGHT, W. Email experiment confirms six degrees of separation. **New Scientist**, 7 ago. 2003. Disponível em: https://www.newscientist.com/article/dn4037-email-experiment-confirms-six-degrees-of-separation/. Acesso em: dez. 2021.

71 SEIS graus de separação. **String Fixer**. Disponível em: https://stringfixer.com/pt/Six_degrees_of_separation Acesso em: dez. 2021.

72 RICCIERI, L. Bill Gates e o Marketing de Conteúdo em 1996. **Marketing Essencial**. Disponível em: https://marketingessencial.com.br/bill-gates-e-o-marketing-de-conteudo-em-1996/. Acesso em: dez. 2021.

73 WALLACH, O. The world's top 50 influencers across social media platforms. **Visual Capitalist**, 14 maio. 2021. Disponível em: www.visualcapitalist.com/worlds-top-50-influencers-across-social-media-platforms/. Acesso em: dez. 2021.

74 Para saber mais sobre a história da empresa, recomendo a minissérie *Adidas × Puma: Irmãos e rivais*. Direção: Cyrill Boss e Philipp Stennert. Produção de Max Wiedemann. Alemanha, 2016.

75 LIEBERMAN, M. 10 stats about inbound marketing that will make your jaw drop. **HubSpot**, 20 jan. 2014. Disponível em: https://blog.hubspot.com/insiders/inbound-marketing-stats. Acesso em: dez. 2021.

76 SUTTO, G. Como a "Lu" elevou o patamar do marketing do Magazine Luiza. **InfoMoney**, 13 set. 2019. Disponível em: https://www.infomoney.com.br/negocios/como-a-lu-elevou-o-patamar-do-marketing-do-magazine-luiza/. Acesso em: dez. 2021.

77 SOBRE o guia Michelin. **Michelin Guide**. Disponível em: https://guide.michelin.com/br/pt_BR/about-us. Acesso em: dez. 2021.

78 RELEASE Sallve. **Sallve**. Disponível em: https://www.sallve.com.br/pages/release. Acesso em: dez. 2021.

79 SALLVE levanta nova rodada para acelerar P&D. **Cosmetic Innovation**, 14 maio 2021. Disponível em: https://cosmeticinnovation.com.br/sallve-levanta-nova-rodada-para-acelerar-pd/. Acesso em: dez. 2021.

80 HISTÓRIAS contadas pelas marcas Diletto e Do Bem vão parar no Conar. **G1**, 25 nov. 2014. Disponível em: http://g1.globo.com/economia/midia-e-marketing/noticia/2014/11/historias-contadas-pelas-marcas-diletto-e-do-bem-vao-parar-no-conar.html. Acesso em: dez. 2021.

81 RATHJE, S.; VAN BAVEL, J.; LINDEN, S. Out-group animosity drives engagement on social media. **PNAS**, 29 jun. 2021. Disponível em: https://www.pnas.org/content/118/26/e2024292118. Acesso em: dez. 2021.

82 BORIS, V. What makes storytelling so effective for learning? **Harvard Business Publishing**, 20 dez. 2017. Disponível em: https://www.harvardbusiness.org/what-makes-storytelling-so-effective-for-learning/. Acesso em: dez. 2021.

83 KENDALL, H. **Story Proof**: the science behind the startling power of story. Exeter, Reino Unido: Libraries Unlimited, 2007.

84 CONHEÇA a história da Granado ao longo desses 150 anos. **Granado**, 30 out. 2020. Disponível em: https://blog.granado.com.br/historia-da-granado/. Acesso em: dez. 2021.

85 THE whole working-from-home thing — Apple. Vídeo (6min55s). Publicado pelo canal Apple. Disponível em: https://www.youtube.com/watch?v=6_pru8U2RmM. Acesso em: dez. 2021.

86 NO Baby Unhugged. **Dandad**, 2017. Disponível e: https://www.dandad.org/awards/professional/2017/creativity-for-good/25717/no-baby-unhugged/. Acesso em: dez. 2021.

87 APÓS comercial com casais gays, O Boticário sofre boicote na rede. **Cosmetic Innovation**, 2 jun. 2015. Disponível em: https://cosmeticinnovation.com.br/apos-comercial-com-casais-gays-o-boticario-sofre-boicote-na-rede/. Acesso em: dez. 2021.

88 O texto é uma nota distribuída à imprensa na ocasião. Um dos muitos canais que publicaram foi o UOL. Disponível em: https://economia.uol.com.br/noticias/redacao/2015/06/01/o-boticario-e-criticado-nas-redes-sociais-apos-comercial-com-casais-gays.htm. Acesso em: dez. 2021.

89 BILTON, N. **A eclosão do Twitter:** uma aventura de dinheiro, poder, amizade e traição. São Paulo: Portfolio-Penguin, 2013

90 JACK Dorsey deixa cargo de presidente-executivo do Twitter. **G1**, 29 nov. 2021. Disponível em: https://g1.globo.com/tecnologia/noticia/2021/11/29/jack-dorsey-deixa-cargo-de-presidente-executivo-do-twitter.ghtml. Acesso em: dez. 2021.

91 A TRANSFORMAÇÃO do marketing de influência. **Forbes**, 13 set. 2021. Disponível em: https://forbes.com.br/infomercial/2021/09/a-transformacao-do-marketing-de-influencia/. Acesso em: dez. 2021.

92 CODELLA, D. The winning Coca-Cola formula for a successful campaign. **Wrike**, 6 abr. 2018. Disponível em: https://www.wrike.com/blog/winning-coca-cola-formula-successful-campaign/. Acesso em: dez. 2021.

93 CAMPANHA da P&G agradece às mães do mundo todo. **Fashion Network**, 24 maio 2012. Disponível em: https://br.fashionnetwork.com/news/Campanha-da-p-g-agradece-as-maes-do-mundo-todo,253224.html. Acesso em: dez. 2021.

94 THE Road to a Vaccine. **Johnson & Johnson**. Disponível em: https://www.jnj.com/latest-news/the-road-to-covid-19-vaccine-live-video-series. Acesso em: dez. 2021.

95 ACERCA da Tesla. **Tesla**. Disponível em: https://www.tesla.com/pt_PT/ABOUT. Acesso em: dez. 2021.

96 RIBEIRO, I. Facebook traz primeira campanha global ao Brasil. **Meio e mensagem**, 23 set. 2019. Disponível em: https://www.meioemensagem.com.br/home/midia/2019/09/23/facebook-traz-primeira-campanha-global-ao-brasil.html. Acesso em: dez. 2021.

97 9 VEZES em que a publicidade falhou em entender as mulheres em pleno século 21. **Terra**, 21 mar. 2018. Disponível em: https://www.terra.com.br/noticias/9-vezes-em-que-a-publicidade-falhou-em-entender-as-mulheres-em-pleno-seculo-21,35012711eecf7101d3c51e29ae2444d2o22vnbag.html. Acesso em: dez. 2021.

98 SCHULTZ, E. J.; DIAZ, A. Após críticas, Pepsi tira comercial com Kendall Jenner do ar. **Meio e mensagem**, 6 abr. 2017. Disponível em: https://www.meioemensagem.com.br/home/comunicacao/2017/04/06/apos-criticas-pepsi-tira-comercial-com-kendall-jenner-do-ar.html. Acesso em: dez. 2021.

99 WALLACH, O. Which streaming service has the most subscriptions? **Visual Capitalist**, 3 mar. 2021. Disponível em: https://www.visualcapitalist.com/which-streaming-service-has-the-most-subscriptions/. Acesso em: dez. 2021.

100 ÚLTIMO desejo da Kombi Volkswagen AlmapBBDO. Vídeo (4min12s). Publicado pelo canal AlmapBBDO. Disponível em: https://www.youtube.com/watch?v=2b0QPE1Bc4w. Acesso em: dez. 2021.

101 PORTUGAL, F. Case deslançamento da Kombi. **SlideShare**, 6 abr. 2015. Disponível em: https://pt.slideshare.net/fernandaportugalferreira/young-lions-2015. Acesso em: dez. 2021.

102 ÍCONE fashion! Bruna Marquezine assina direção criativa para fotos de verão 2021 da Colcci. **L'Officiel**, 17 ago. 2020. Disponível em: https://www.revistalofficiel.com.br/moda/icone-fashion-bruna-marquezine-assina-direcao-criativa-para-fotos-da-colcci. Acesso em: dez. 2021.

103 ALVES, S. Em primeira campanha sobre consórcios, Itaú propõe quebrar mitos sobre o produto. **B9**, 2 ago. 2021. Disponível em: https://www.b9.com.br/148494/primeira-campanha-consorcios-itau-quebrar-mitos-produto/. Acesso em: dez. 2021.

104 CASAS Bahia contrata Nobru como head criativo de games. **Meio e mensagem**, 1 jun. 2021. Disponível em: https://www.meioemensagem.com.br/home/marketing/2021/06/01/casas-bahia-contrata-nobru-como-head-criativo-de-games.html. Acesso em: dez. 2021.

105 THE state of the creator economy. **eMarketer**, jun. 2021. Disponível em: https://on.emarketer.com/rs/867-SLG-901/images/ii_thestateofthecreatoreconomy_2021.pdf. Acesso em: dez. 2021

106 GLOBAL 5G connections to reach 3.2 billion by 2026; growing 940% as network orchestration tools maximise monetisation. **Juniper Research**, ago. 2021. Disponível em: https://www.juniperresearch.com/press/global-5g-connections-to-reach-3-2-bn-by-2026. Acesso em: dez. 2021.

107 INFLUENCER Marketing industry global ad spend could reach up to $10 billion in 2020. **PR Newswire**, 18 nov. 2020. Disponível em: https://www.prnewswire.com/news-releases/influencer-marketing-industry-global-ad-spend-could-reach-up-to-10-billion-in-2020-301175693.html. Acesso em: dez. 2021.

108 GEYSER, W. 22 Influencer marketing experts give their predictions. **Influencer Marketing Hub**, 16 nov. 2021. Disponível em: https://influencermarketinghub.com/influencer-marketing-predictions-2022/. Acesso em: dez. 2021.

Este livro foi impresso pela Edições Loyola
em papel pólen bold 70 g/m² em abril de 2022.